HISTOIRE
DU CHATEAU
ET DU
BOURG DE BLANDY
EN BRIE.

Paris. — Typographie de Firmin Didot Frères, rue Jacob, 56.

HISTOIRE
DU CHATEAU

ET DU

BOURG DE BLANDY
EN BRIE,

PAR A. H. TAILLANDIER.

PARIS,
J. B. DUMOULIN, LIBRAIRE,
QUAI DES AUGUSTINS, 13.

1854.

PRÉFACE.

Peu de villages sont aussi inconnus que Blandy; peu cependant ont été habités par autant de princes et de grands personnages. Il est vrai que sa splendeur remonte au temps de la féodalité, et que la vieille forteresse, construite par les vicomtes de Melun à une époque où leur maison était une des plus illustres de la France, fut peu à peu abandonnée et n'est plus qu'une ferme depuis près de cent cinquante ans. Elle n'offre plus aujourd'hui qu'une masse imposante de ruines, et son histoire n'a été esquissée que d'une manière superficielle par ceux qui eurent occasion de s'en occuper jusqu'ici.

Habitant une maison en face de ce château délabré, mais encore majestueux, je m'étais souvent demandé quels événements avaient pu se passer dans ces murs lézardés que j'avais incessamment sous les yeux, dans ces tours dont le faîte est à jour et où il n'est plus possible de monter ? En vain j'avais consulté les écrivains qui ont consacré quelques pages à Blandy : ils s'étaient copiés les uns les autres, et il me semblait que leur récit, fort succinct, devait contenir des erreurs et surtout des lacunes. En cherchant à savoir où Oudiette, auteur d'un *Dictionnaire topographique des environs de Paris*, qui parut en 1817; où Dulaure, dans son *Histoire des environs de Paris;* où Michelin, dans ses *Essais historiques sur le département de Seine-et-Marne*, avaient puisé les notions qu'ils ont publiées sur Blandy, je me suis aperçu qu'ils avaient reproduit textuellement une notice sur ce bourg, qui fut insérée dans l'*Almanach historique de Sens* pour l'année 1771. Assurément ce n'était pas là une source suffisante dont il fût possible de se contenter.

Un ecclésiastique né à Blandy, M. l'abbé de Laforge, avait, il est vrai, cherché à répandre la lumière sur l'origine et l'histoire du château de Blandy; ses efforts sans doute n'ont point été stériles, mais il me semblait qu'on pouvait être plus complet, et mettre plus d'exactitude dans les faits.

J'ai alors moi-même essayé, par de nombreuses recherches, à reconstituer l'histoire de Blandy, depuis la moitié du douzième siècle, ne remontant pas plus haut pour ne pas me jeter dans le champ des conjectures. Ce n'est pas sans surprise que j'ai vu que ce château, délaissé et inconnu, avait reçu dans ses murs Louis VIII et Henri IV; Philippe le Bon, duc de Bourgogne; les comtes de Tancarville, ces puissants seigneurs, qui ont joué un si grand rôle au temps désastreux de Charles V et de Charles' VI; les Harcourt, qui leur succédèrent, et presque tous les princes de la maison d'Orléans-Longueville, depuis le fils du bâtard d'Orléans, chef de cette famille, (1) jusqu'à la du-

---

(1) Parmi les personnages importants appartenant aux d'Orléans-Longueville dont j'ai eu occasion de m'occuper, la Marquise de Rothelin occupe le premier rang. Si j'avais voulu faire une monographie complète de cette princesse, j'aurais inséré dans mon récit plusieurs lettres d'elle qui existent dans la collection Baluze, à la bibliothèque impériale, ainsi que quelques fragments de sa correspondance avec Calvin, que je dois à une bienveillante communication de MM. Read et Bonnet. Je crois toutefois devoir ajouter ici une lettre de la marquise de Rothelin au duc d'Anjou, (depuis Henri III) après qu'il eut gagné la bataille de Saint-Denis (10 novembre 1567) sur l'armée protestante commandée par le prince de Condé, gendre de la marquise, et lorsqu'il s'agissait d'un traité de paix entre les deux partis. Cette lettre, en effet, témoigne de nobles sentiments. L'original se trouve dans le vingt-quatrième volume de la collection dite des *Cinq-Cents de Colbert*, à la Bib. imp.

« Monsieur,

J'ai receu la lettre qu'il vous a pleu de m'escripre et veu les ar-

chesse de Nemours, qui en fut le dernier rejeton. Plusieurs princes de la maison de Savoie, alliée à celle d'Orléans-Longueville, et les deux premiers princes de Condé y ont aussi séjourné.

L'historien de la ville de Melun, Rouillard, a dit : « J'ay pris la peine de feuilleter et extraire les chartres et archives de maint et maint endroict, lire et relire plusieurs histoires anciennes et modernes, et en tirer et choisir ce qui pouvoit servir à mon intention ; tantost d'un registre moisi, tantost d'un parchemin presque tout effacé, tantost d'un papier fon-

ticles que vous avez envoyeez à M. le prince (de Condé) qui le lont tellement ennuyé et désespéré que je n'ay jamais veu homme plus fasché pour le désir quil avoit que une bonne paix se feist et que ce royaulme ne soit perdu comme chacun veoit quil sera si les choses ne s'acheminent autrement. Monsieur, je vous supplye de bien considérer la grant perte que vous ferez de tant de gens de bien, vaillans hommes et grans princes qui sont pour vous faire ung jour service et plus fidellement que les estrangers qu'ilz ne demandent que de veoir la France destruicte pour s'en emparer et se mocquer de ceulx qui n'auront peu juger leur cautelle et finesse. Monsieur, le cueur de voz fidelles serviteurs leur enseigne d'estres contrains de veoir ce qu'ilz désirent le moings. Je vous supplye très humblement me pardonner si je vous diz que le faict vous touche, car c'est vostre force que la noblesse. Je m'en partiray demain pour aller trouver leur Majesté pour toute ma vie leur rendre très humble obéissance, comme à vous, Monsieur, s'il vous plaist de me commander, suppliant le Créateur vous donner, Monsieur, en santé tres heureuse et longue vie.

Vostre très-humble et très-obéissante servante,

JAQUELYNE DE ROHAN.

De Bray, le ix décembre 1567.

dant et demy déchiré, et finalement d'une grande quantité de lambeaux çà et là dispersez qu'un aultre eust négligé ou passé par dessus, j'en ay recueilly de bons matériaux pour bastir cet ouvrage. »

Je ne pousserai pas si loin l'hyperbole ; mais je puis dire avec vérité que moi aussi j'ai consulté les archives et les bibliothèques, et c'est à l'aide des documents que j'y ai trouvés que j'ai écrit cette histoire de Blandy.

La partie la plus étendue de mon travail a été naturellement consacrée au château. Néanmoins j'ai cru devoir y ajouter quelques détails sur les trois pouvoirs qui autrefois jouaient le plus grand rôle dans l'état social des campagnes : l'Église, la justice et le seigneur. Ces éléments sociaux étaient alors fort différents de ce qu'ils sont aujourd'hui ; le dernier a complétement disparu avec la féodalité. Quant aux deux autres, s'ils exercent encore une grande influence sur la civilisation moderne, on ne peut se dissimuler qu'ils ont été profondément modifiés. J'ai pensé qu'il ne serait pas sans intérêt de montrer comment un simple village était administré avant la fin de l'ancien régime. On ne sait plus généralement, en effet, en quoi consistait, par exemple, l'organisation de la justice seigneuriale. Je connais des personnes fort instruites, particulièrement dans l'histoire de France, qui font une étude approfondie des institutions qui régissaient notre pays sous les deux premières races, et qui ignorent qu'avant 1789 un bailliage de village était composé non-seulement d'un bailli, mais encore d'un procureur fiscal, d'un greffier, de procureurs postulants et de sergents. C'est ce qui m'a porté à donner quelques détails sur cette organisation, ainsi que sur les dîmes, les fours banaux et autres priviléges féodaux que bien peu de personnes maintenant ont vus en activité, soixante-quatre ans s'étant écoulés depuis leur suppression ; temps suffisant pour qu'on ne connaisse plus leurs rouages, mais pas encore assez long pour qu'on songe à les étudier au point de vue de la critique historique.

La reconnaissance me fait un devoir d'ajouter que j'ai de grandes obligations à M. Eugène Grésy, qui fait une étude spéciale de tout ce qui intéresse le département de Seine-et-Marne, et qui a mis à ma disposition sa précieuse collection; à M. Gorré, qui m'a procuré la connaissance de pièces importantes qui se trouvent aux Archives de l'empire, dont il est un des employés; à MM. Natalis de Wailly et Léopold Delisle, qui ont bien voulu revoir les textes latins des chartes que je publie; à M. Jérôme Pichon, président de la société des bibliophiles; et enfin à M. Albert Lenoir, le savant architecte archéologue, qui est venu à ma demande passer quelques jours à Blandy, a fait de beaux dessins du château, qui malheureusement n'ont pu trouver place dans mon ouvrage (1), et m'a guidé dans ma description archéologique et technique de ce château. Je les prie de recevoir ici ce faible mais sincère témoignage de ma gratitude.

Blandy, 31 octobre 1853.

(1) Je lui dois cependant le dessin de la crypte du xiie siècle et le plan de 1688.

P. S. Au moment où je termine l'impression de cet ouvrage, je perds un guide, un ami dans la personne de M. B. Guérard, membre de l'Académie des inscriptions et belles-lettres, Conservateur du département des Manuscrits à la bibliothèque impériale, Directeur de l'école des Chartes, etc. L'illustre savant à qui nous devons la publication du *Polyptyque d'Irminon*, des *Cartulaires de Saint-Père de Chartres* et de *Notre-Dame de Paris* voulait bien prendre intérêt à mon travail; je comptais lui en offrir le premier exemplaire; c'est à sa mémoire seule que je pourrai désormais en faire hommage.

Paris, 11 mars 1854.

HISTOIRE
DU CHATEAU ET DU BOURG
DE BLANDY EN BRIE.

I.

NOTIONS TOPOGRAPHIQUES.

Le voyageur qui se rend de Melun à Rozay, après avoir admiré la magnifique façade de Vaux le Vicomte, aujourd'hui Praslin, et remarqué la flèche élancée du clocher de Moisenay, avant d'arriver à Champeaux, si connu par son ancienne collégiale, aperçoit sur sa droite, au-dessus d'un étroit vallon, les tours d'une vieille forteresse féodale. S'il ne connaît le pays, il s'étonne de voir, dans cette plaine vaste et fertile, les vestiges d'un château du moyen âge, dont les formes imposantes se dessinent majestueusement sur le fond de l'horizon. Il s'informe quelles sont ces ruines qui parlent si vivement à son imagination, et on lui apprend que ce sont celles du château de Blandy en Brie.

C'est l'histoire de ce château et des seigneurs qui l'ont possédé que nous allons essayer de raconter.

Blandy est un village assis au centre du grand plateau qui s'étend de Melun à Nangis. Il est bordé d'un côté par un ruisseau que l'on appelle l'*Éguillon*, et de l'autre par un ru nommé *Ancœur* (1).

Les habitants de ce village ont pour principale industrie l'agriculture. Il existe, néanmoins, quelques vignes et des bois sur le territoire de Blandy ; ils joignent d'autres bois, s'avançant sur les communes de Sivry, Châtillon la Borde, Féricy, etc. Ce sont les derniers vestiges des épaisses forêts qui couvraient jadis les contrées situées entre la Seine et la Marne.

Cette partie de la France appartenait, avant la conquête des Romains, à celle des trois Gaules que César appelle la Gaule celtique (2). Puis elle fut rangée, sous les premiers empereurs, dans la quatrième Lyonnaise, ou province de Sens, qui elle-même se divisait en grand Sénonais, *pagus Senonensis* ou *Senonensis major*, et en petit Sénonais, *pagus Senonensis minor*. Aussi composa-t-elle le diocèse de Sens, car il est généralement reconnu que les anciennes divisions ecclésiastiques avaient eu pour base les divisions civiles existant lors de l'introduction du christianisme dans les Gaules. On conjecture que c'est vers le milieu du troisième siècle que saint Savinien et saint Potentien, venus de Rome, prêchèrent le christianisme dans ces contrées. Mais quant à Melun, son véritable apôtre fut saint Aspais (3).

(1) Il est quelquefois nommé le ru d'Angueil en d'anciens titres. Il prend sa source dans une propriété appelée *Ancœur*, dans la commune de Bailly-Carrois, canton de Mormant.

(2) *Comment.*, I, 1.

(3) Évêque d'Eause, métropole primitive de la Novempopulanie. Il vivait en 549, et, suivant la légende, se réfugia à Melun après avoir assisté à un concile d'Orléans, parce que son diocèse était envahi par les Ariens. Rouillard le fait mourir dans cette ville, vers 588.

Le diocèse de Sens, qui embrassait un territoire beaucoup plus étendu que le Sénonais proprement dit (*pagus Senonensis minor*), renfermait cinq archidiaconés, qui étaient ceux de Sens, du Gâtinais, de Melun, de Provins et d'Étampes.

Blandy était compris dans l'archidiaconé de Melun, et, comme Sivry et autres localités voisines, il faisait partie du *pagus senonicus* (1).

Melun, le plus grand centre de population de la contrée, était aussi une ville du pays sénonais (2). Il forma un *pagus* à part, sous le nom de *pagus Meludunensis* (le Melunais), composé de certaines portions de la Brie et du Gâtinais (3).

Il existe peu de monuments attestant le séjour des Romains dans la contrée. Le plus important est sans contredit la voie romaine passant auprès de Crisenoy, à quatre kilomètres environ de Blandy, et faisant partie des anciennes chaussées connues sous le nom de *chemin paré, perré* ou *pierré* (4).

Après que les Romains eurent été chassés de la France, dans le courant du cinquième siècle, et que de nouvelles

---

(1) *Silviacum pago Senonico*. Dipl. Carloman. An. 884, dans le Recueil des historiens de France, t. IX, p. 435, E. — B. Guérard, *Polyptique d'Irminon*, 1re part., p. 60.

(2) *Comment. de César*, VII.

(3) La ville ou cité était alors située dans l'île, comme Paris (César, *loco citato*). Lorsqu'elle s'étendit par la suite, la partie principale, qui est sur la rive droite de la Seine, appartenait à la Brie, et celle qui est située sur la rive gauche, ou quartier Saint-Ambroise, au Gâtinais.

(4) Michelin, *Essais hist. sur le départ. de Seine-et-Marne*, page 1085; *ib.*, p. 1554 — Guérard, *Recherches sur Agendicum et sur les voies romaines de l'arrondissement de Provins*, p. 19.

divisions provinciales eurent été adoptées, Blandy fut compris dans la Brie française (*pagus Briegus, Briegium, Brigus saltus, Braya*), laquelle, plus tard, fut incorporée dans le gouvernement de l'Ile de France, tandis que la Brie champenoise resta dans celui de Champagne.

Lors de l'organisation administrative de la France, telle qu'elle existait depuis 1635, Blandy faisait partie de la généralité de Paris, élection de Melun. Il avait un bailliage seigneurial qui ressortissait au bailliage royal de Melun. Il était régi par la coutume de cette ville. Le dénombrement publié en 1720 lui donnait cent quarante-huit feux, ce qui, à raison de cinq habitants par feu, aurait fait six cent quatre-vingt-douze habitants. Il n'en a guère plus aujourd'hui.

Ce bourg appartient maintenant au département de Seine-et-Marne, arrondissement de Melun, canton du Châtelet.

II.

LE CHATEAU.

Le château, qui domine le village et semble l'absorber à lui seul, est un pentagone irrégulier, flanqué de cinq tours de grosseur et de hauteur inégales. D'après le cadastre, son enceinte intérieure comprend cinquante-quatre ares quatre-vingt-sept centiares, et les fossés ont une étendue de soixante-sept ares vingt-huit centiares; ce qui forme un total d'un hectare vingt-deux ares quinze centiares.

Il est construit en pierres siliceuses, avec soutènements et parements en grès; le tout lié ensemble au moyen d'un ciment de chaux et de sable, faisant corps avec la pierre et en ayant la dureté.

On peut partager l'histoire de l'architecture du château de Blandy en quatre époques.

La première époque comprend le château tel qu'il existait avant les fortifications construites dans la seconde moitié du quatorzième siècle.

La seconde époque est relative au château fortifié par

Jean II et par Guillaume IV, comtes de Tancarville et vicomtes de Melun, de 1371 à 1388 ;

Puis vient, pour la troisième époque, le château remanié au seizième siècle et transformé en habitation plus moderne ;

Et enfin, la quatrième époque nous présente le triste spectacle du château démantelé et converti en ferme, au commencement du dix-huitième siècle, par le maréchal de Villars.

Nous allons rechercher ce qu'il est possible de savoir sur ces quatre époques.

PREMIÈRE ÉPOQUE.

Il ne reste presque plus rien de l'ancien château de Blandy, tel qu'il existait antérieurement au quatorzième siècle.

La seule trace que nous en apercevions consiste dans une belle crypte servant aujourd'hui de cave.

Cette crypte est surmontée d'une voûte en plein cintre soutenue par un seul pilier avec une grande hardiesse.

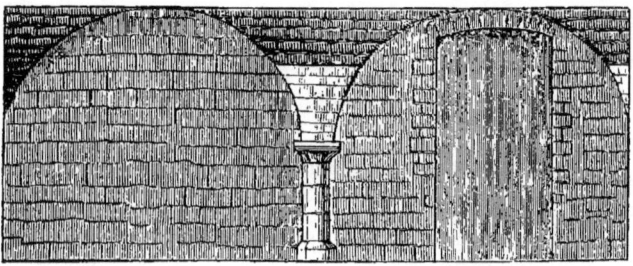

Elle nous paraît présenter l'aspect de l'architecture de

la fin du douzième ou du commencement du treizième siècle.

Bien qu'il existe dans un certain nombre d'édifices de ce temps des caves offrant le même caractère, nous sommes porté à croire que la crypte du château de Blandy était une chapelle souterraine, au-dessus de laquelle se trouvait une autre chapelle qui existait au centre de la grande cour (1).

On verra par la suite, en effet, que deux chapelles furent fondées dans ce château en l'honneur de la sainte Vierge : l'une par Adam II, vicomte de Melun, en 1216 ; l'autre par Guillaume IV, en 1395. Le style de la crypte nous semble indiquer que c'était la chapelle d'Adam II.

Au dix-septième siècle elle était désignée sous le nom de « la cave noire ; » ce qui indique que déjà elle servait à cet usage.

DEUXIÈME ÉPOQUE.

Cette époque est celle dont on voit le plus de restes. Les ruines actuelles suffisent pour nous montrer ce qu'était la forteresse reconstruite de 1371 à 1388, par les deux vicomtes Jean II et Guillaume IV, sous les rois Charles V et Charles VI.

Nous allons entreprendre de retracer la description de ces ruines.

Conformément aux principes de l'architecture militaire du moyen âge, le château présentait un ensemble d'ouvrages destinés à se protéger les uns les autres, et cependant susceptibles d'être isolés, en sorte que la prise de l'un n'en-

---

(1) Numéro 14ª du plan.

traînât pas celle des ouvrages voisins ; d'où il résultait que les ouvrages intérieurs devaient commander les ouvrages extérieurs.

Aussi, comme les places fortifiées du même temps, le château de Blandy se composait d'un fossé continu, d'une enceinte aussi continue et d'un réduit où la garnison pouvait trouver un refuge, en cas de prise de l'enceinte. Ce réduit était la grosse tour ou donjon, dont nous nous occuperons plus particulièrement tout à l'heure.

Les fossés, aujourd'hui complétement à sec et en partie comblés, avaient alors une largeur de seize à vingt mètres, et ils étaient remplis d'eau qui y était amenée par des aqueducs qui n'existent plus. Quant à leur profondeur primitive, il serait difficile de la connaître, car elle a été successivement diminuée par les éboulements, les dépôts d'immondices et le manque de soin.

On pénétrait dans la place au moyen d'un pont-levis (1). On voit encore les traces des chaînes qui le faisaient mouvoir, aux longues ouvertures percées dans le mur, au-dessus d'une porte cintrée.

Le pont-levis était défendu d'abord par une tour carrée (2), qui depuis longtemps ne s'élevait plus au-dessus du rempart, et ensuite par deux contre-forts, placés de chaque côté, dans lesquels on avait pratiqué deux meurtrières.

Dans les châteaux de ce genre il y avait ordinairement au delà du fossé, à la tête du pont, un ouvrage plus ou moins considérable, destiné à protéger les reconnaissances et les sorties de la garnison. Il se composait d'une ou

(1) Numéro 1 du plan.
(2) Numéro 5, *idem*.

plusieurs tours, ou même d'un petit château que l'on appelait souvent « bastille. » Quelquefois on se contentait de palissades. Il n'existe plus trace aujourd'hui de ces ouvrages avancés; néanmoins, à deux kilomètres, on voyait sur le chemin de Melun une tour à laquelle aboutissait le souterrain du donjon, et qui était destinée à protéger les sorties et la retraite de la garnison. Quelques traces que l'on aperçoit dans la muraille à droite du pont-levis peuvent faire supposer qu'il existait un petit passage pour descendre dans le fossé (1).

La porte du château, qui se trouvait placée immédiatement après le pont-levis, était surmontée d'une forte herse en fer, qui s'opposait encore à l'entrée de l'ennemi, s'il était parvenu à franchir le fossé et à détruire le pont-levis. On élevait cette herse à l'aide d'une machine, et à l'approche du danger on la laissait tomber. Il était impossible de la relever à l'extérieur, et il fallait la briser pour pénétrer plus avant. Indépendamment de la première porte, qui était en bois parsemé de clous, il en existait une seconde, après la herse, à l'entrée de la grande cour.

L'enceinte continue, composée de murs très-élevés et épais de trois mètres, était défendue par cinq tours (2), dont chacune était placée à un des angles du pentagone. Ces tours, assez bien conservées à l'extérieur, présentaient la forme pyramidale; elles étaient garnies de créneaux et de merlons faisant boucliers en maçonnerie, élevés sur un parapet, et espacés de manière à couvrir les hommes qui bordaient le rempart, et à leur permettre de

(1) Numéro 26 du plan.
(2) Numéros 8, 10, 11, 21 et 22, *id.*

se servir de leurs armes, dans les intervalles qui séparaient ces boucliers; elles étaient surmontées aussi de machicoulis (1).

On arrivait au sommet des trois tours les moins élevées par des escaliers intérieurs en spirale.

Les remparts de l'enceinte, entre chaque tour, avaient des courtines qui protégeaient un chemin de ronde, permettant de circuler le long de ces remparts.

La grosse tour, ou donjon, est celle qui garantissait le château du côté de la plaine (2); elle présente une cir-

conférence de douze mètres à l'intérieur, et une hauteur d'environ trente-cinq mètres au niveau des créneaux. Les murailles de cette tour et de celle qui, après elle, avait le

(1) Voy., dans les *Instructions du comité historique des Arts et Monuments*, celle qui concerne l'architecture militaire au moyen âge, qui a été rédigée par MM. Mérimée et Albert Lenoir. Nous nous en sommes servi pour la description technique du château de Blandy.

(2) Numéro 21 du plan.

plus de force (1) ont trois mètres d'épaisseur. On ne pouvait pénétrer au pied de la grosse tour qu'après avoir franchi une enceinte particulière en maçonnerie, dans laquelle se trouvait un puits recouvert d'une voûte. Une forte herse, que l'on aperçoit encore, défendait la porte d'entrée, à forme ogivale, qui est telle qu'elle existait alors, basse et épaisse comme la porte d'une prison. Au rez-de-chaussée était la salle des gardes, voûtée et en ogive; elle ne recevait d'autre jour que celui de quelques meurtrières. On y voit une énorme cheminée; il y en avait de moins vastes aux quatre étages supérieurs, éclairées par des croisées, de chaque côté desquelles sont des bancs de pierre. La cage de l'escalier était accolée à l'extérieur de la tour, du côté de la cour, et était surmontée d'un lanternon, servant aussi de guérite. Un escalier et un lanternon semblables existaient aussi à la seconde des tours sous le rapport de la force, laquelle avait aussi quatre étages et le comble. Sur la courtine, située au couchant de la grosse tour, à la hauteur du second étage, se trouvait un espace vide que l'on ne pouvait franchir qu'à l'aide d'un petit pont-levis; en sorte que, si l'ennemi était maître du rempart et du bas de la tour, les assiégés qui se trouvaient au sommet pouvaient encore se défendre.

Les principales tours étaient destinées à l'habitation des seigneurs, qui demeuraient à Blandy, et la garnison y était également logée. L'une des tours avait pour destination spéciale la conservation des archives et du trésor (2). Chacun de ses trois étages était garni de grandes armoi-

(1) Numéro 22 du plan.
(2) Numéro 11, id.

res, où les objets les plus précieux étaient renfermés.

La chapelle s'élevait au milieu de la cour (1); au-dessous se trouvait la crypte, qui nous semble offrir les caractères d'une chapelle souterraine.

Une grande pièce était située au rez-de-chaussée à gauche en entrant dans le château (2). Elle sert aujourd'hui de bergerie. C'était au quatorzième siècle la salle principale. Les comtes de Tancarville devaient y tenir leur cour. Elle est dans le même style que celui que l'on remarque dans les plus belles salles de l'hôtel de Cluny, à Paris.

Au milieu de la cour était un jet d'eau (3), alimenté par une source qui se trouve dans la plaine, et que l'on appelle « la fontaine Chopin. »

L'aspect général du château de Blandy, à l'époque dont nous nous occupons, était fort sévère. A peine y aperçoit-on quelques traces de l'architecture ogivale, et il était entièrement dénué d'ornements.

Toutes les fenêtres étaient garnies de meneaux de pierre, en forme de croix, qui servaient à maintenir des panneaux de verres, à petits carreaux, liés ensemble par des lames de plomb.

TROISIÈME ÉPOQUE.

Lorsque la féodalité eut été ébranlée, et que des mœurs plus douces devinrent le partage des classes élevées, les forteresses du moyen âge subirent une notable transformation. Les remparts, qui ne devaient plus servir à pro-

(1) Numéro 14[a] du plan.
(2) Numéro 6[b], id.
(3) Il est figuré sur le plan, à côté de l'arbre qui l'abritait.

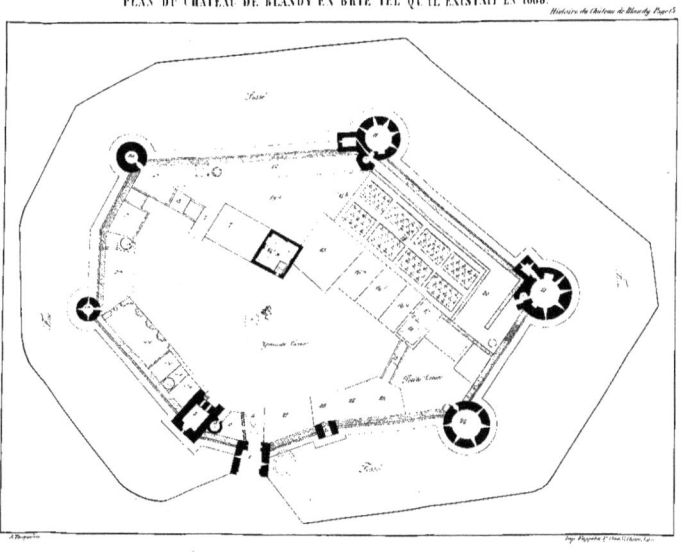

PLAN DU CHÂTEAU DE BLANDY EN BRIE TEL QU'IL EXISTAIT EN 1688.

téger les seigneurs contre les tentatives de l'étranger ou de leurs voisins, furent affaiblis par l'adossement de bâtiments destinés à offrir des habitations plus commodes et moins tristes. Les tours furent surmontées de toits à formes coniques, recouverts de plomb ou d'ardoises; ce qui donnait une certaine élégance à ces constructions, généralement lourdes et massives.

Le château de Blandy reçut ces changements. Nous ignorons l'époque précise où ils eurent lieu, mais nous sommes porté à croire que ce fut au commencement du seizième siècle, lorsque la famille des d'Orléans-Longueville en fit son séjour habituel.

Le document le plus ancien que nous ayons trouvé, nous donnant la description de ce château, est un état, dressé par deux experts, des réparations qui étaient à y faire, au mois d'avril 1688, lorsque la duchesse de Nemours en fut devenue seule propriétaire, par suite du partage qui venait d'être opéré entre elle et la princesse de Carignan, sa tante; des biens restés jusqu'alors indivis provenant des successions du comte et de la comtesse de Bourbon-Soissons.

Nous avons étudié avec soin ce document, déposé anciennement au bailliage de Blandy, et qui est conservé au greffe du tribunal de Melun. Nous allons à son aide, et avec le *plan* ci-joint, montrer ce qu'était le château à l'époque qu'il concerne.

Nous commencerons cette description en entrant à gauche dans la cour, et en faisant ensuite le tour des murailles intérieures.

Après le pont-levis [1], sous la porte, était le corps de garde [2]. Puis se trouvait un escalier [3] qui existe encore, conduisant à un pavillon situé au-dessus de la porte [4], et de l'autre côté à des chambres adossées au rempart. Venait ensuite « le haut pavillon »[5], c'est-à-dire la tour carrée servant à défendre le pont.

Après le haut pavillon, on voyait, au rez-de-chaussée, de vastes salles, transformées maintenant en écuries et en bergerie [6a 6b]. La plus grande était celle dont nous avons parlé en indiquant ce qui concerne l'époque précédente. Au-dessus étaient plusieurs chambres. L'une servait d'auditoire [6a]; c'est là que la justice seigneuriale était rendue. Les autres [6b] étaient, en 1688, occupées par un sieur Gimat et par une dame de la Tour, qui étaient devenus, nous ne savons à quel titre, habitants du château (1).

Nous trouvons ensuite les appartements seigneuriaux [7], qui servent aujourd'hui de logement au fermier. Ils étaient séparés des salles dont nous venons de parler par la tour qui fait face à l'église [8].

Le corps de bâtiment qui renfermait les appartements seigneuriaux était alors partagé en deux pavillons, au milieu desquels était le grand escalier [9], qui existe encore. A gauche, au rez-de-chaussée, on voit la salle où la tradition du pays rapporte que serait né le prince Eugène [7a].

Ce corps de logis était surmonté d'un troisième étage, où se trouvaient les « galetas », c'est-à-dire les greniers;

(1) **Judith Deshayes**, dame de la Tour, avait été directrice de l'hôpital de Blandy. Elle fut condamnée par arrêt de la chambre des maladreries, du 31 mai 1675, rendu à la requête des chevaliers de l'ordre de Notre-Dame du Mont-Carmel et de Saint-Lazare de Jérusalem, à se désister de la possession de cet hôpital. La princesse de Carignan et la duchesse de Nemours, qui portaient intérêt à cette dame, formèrent le 16 septembre suivant opposition à cet arrêt. Une enquête eut lieu, et c'est probablement par suite de ces tribulations que madame de la Tour trouva un refuge dans le château.

il aboutissait à la tour servant de prison [10]. Entre cette tour et celle qui est désignée sous le nom de « tour aux papiers [11] » était au premier étage une grande galerie [12], au-dessous de laquelle on avait placé les remises et les écuries du château.

Le corps-de-logis des appartements seigneuriaux était lié au bâtiment qui se trouve au milieu de la grande cour par un passage [13] dont on n'aperçoit maintenant aucune trace, non plus que de la galerie placée entre les deux tours.

Ce bâtiment, où sont aujourd'hui les granges de la ferme, renfermait, au rez-de-chaussée, la chapelle [14 a], dont le portail devait faire face à la grande porte du château. Un passage conduisait de la chapelle à la « tour aux papiers [14 b] ». Puis venait, à la suite de la chapelle, une grande cuisine [15] ayant dix mètres de long sur huit de large et deux grandes cheminées; après était « la salle du commun » [16 a 16 b 16 c], ayant quatorze mètres de long sur huit mètres vingt-cinq centimètres de large; à l'extrémité de ce bâtiment, au rez-de-chaussée, se trouvait une pièce servant « de garde-manger ou dépense » [17].

Au premier, au-dessus de la chapelle, était une chambre à cheminée, ayant aussi servi de chapelle. Nous supposons que cette seconde chapelle fut créée pour obéir à la volonté des fondateurs, lorsque celle qui existait dans la crypte dont nous avons déjà parlé fut transformée en cave. Cette crypte est désignée sous le nom de « cave noire » dans l'état de réparations dont nous nous occupons [14].

Après la chapelle supérieure et au-dessus de la cuisine se trouvait la grande salle à manger, ayant quatorze mètres de long sur huit mètres vingt-cinq centimètres de large.

Venait ensuite, et au même étage, un appartement désigné dans l'état de 1688 sous le nom « d'appartement de M. de Longueville [16a] [16b] [16c]. On y montait par l'escalier qui existe encore à l'extrémité du bâtiment, dans une petite tour carrée, couronnée par un toit pointu [18].

Le second étage ne consistait qu'en « galetas » et en un « garde-meuble ».

Derrière ce bâtiment était un petit jardin [19] qui se prolongeait jusqu'au passage conduisant de la cuisine à la tour aux papiers. Après ce passage, et en remontant vers les deux pavillons où se trouvaient les appartements seigneuriaux, il y avait un « tripot » ou jeu de courte paume, dont l'étendue était de vingt mètres de longueur sur six mètres de largeur [19a].

A l'extrémité opposée était l'enceinte [20] réservée à la grosse tour [21].

Entre la tourelle carrée de l'escalier conduisant à l'appartement de M. de Longueville et la tour appelée « tour aux lierres [22] » dans l'état de 1688, laquelle est la première en entrant à droite dans le château, existait un passage [23] qui conduisait à un corps-de-logis adossé au rempart partant de cette tour pour rejoindre la porte d'entrée. Là était l'appartement du bailli [24], qui, depuis que l'ancienne forteresse avait perdu son caractère militaire, joignait à ses fonctions judiciaires celles de capitaine du château. La paneterie [25], la foulerie [25] et les cuves [25] se trouvaient dans la partie de ce corps-de-logis servant aujourd'hui d'étable.

Entre ces dernières pièces était le petit passage descendant dans le fossé [26], dont nous avons déjà parlé.

D'après l'état des réparations qui étaient à faire en 1688, le château se trouvait déjà dans un assez grand délabrement. Le montant de ces réparations était estimé à 16,369 livres 11 sous, en y comprenant, il est vrai, celles qui étaient indiquées pour les dépendances suivantes :

Le moulin à eau, le moulin à vent, le four banal, le colombier, le jardin en descendant au moulin à eau, les pressoirs, les pressoirs de Moisenay, la ferme de la Ronce au même lieu, le moulin de Souflet, la maison d'Éguillon avec le colombier, la ferme de Sandtoux (1), la ferme de Robillard au Châtelet en Brie, les pressoirs du Châtelet.

L'état de 1688 montre aussi qu'il y avait bien peu de luxe dans les habitations de cette époque.

Ainsi la plupart des appartements seigneuriaux du château de Blandy étaient carrelés. Quelques pièces cependant étaient planchéiées en chêne ou en sapin, et avaient aussi des lambris en menuiserie sur une partie de leurs parois. Les croisées étaient garnies de panneaux de verre, unis par de minces lames de plomb. Tout, en un mot, y annonçait la plus grande simplicité.

QUATRIÈME ÉPOQUE.

Tant que les descendants des anciens vicomtes de Melun possédèrent le château de Blandy, il fut conservé à peu près intact et tel que nous venons de le dépeindre.

Mais la duchesse de Nemours, dernier anneau de cette longue chaîne, étant décédée en 1707, le maréchal de Villars acquit la terre de Blandy pour la réunir à son duché-pairie de Vaux le Villars; et, voulant transformer en ferme l'antique manoir de tant de seigneurs et de princes, il fit découronner les tours, et se servit des char-

(1) Il n'en existe plus aucune trace; peut-être est-ce Saveteux.

pentes qui soutenaient leur toiture pointue pour les combles des granges et des autres bâtiments d'exploitation qu'il mettait à la place des anciens. Il abandonna les appartements seigneuriaux au fermier, et défigura entièrement cette vieille forteresse. L'abbé Bertin, qui visitait Blandy le 20 septembre 1717, mentionnait ainsi l'état dans lequel il trouvait le château : « Le bourg de Blandy, ci-devant à madame la duchesse de Nemours, appartient à M. le duc de Villars, qui en a fait découvrir les tours pour laisser ruiner le château et le réduire en ferme (1). »

Mais ce fut particulièrement en 1730 que les dévastations eurent lieu. Nous trouvons, dans le même volume manuscrit qui contient le voyage de l'abbé Bertin, la description que donnait un autre voyageur, du château de Blandy, au mois de septembre 1730 : « Le château de Blandy, écrit-il, est totalement en ruines, et le maréchal y a fait construire depuis peu des granges et des logements pour ses fermiers. On voit encore sur la porte les armes d'Orléans-Rothelin et celles de Nemours-Savoie (2). »

Ces armes elles-mêmes ont été détruites au moment de la révolution, et on n'aperçoit plus que la trace de l'écusson complétement effacé.

Les dégradations déplorables qui se sont succédé depuis que le maréchal de Villars était devenu propriétaire du château de Blandy en marquent le dernier âge, et la main des hommes en a fait un monceau de ruines, qui bravera longtemps encore l'outrage du temps.

(1) Bib. imp., département des Mss. Extraits des voyages de M. l'abbé Bertin, faits aux mois de septembre et octobre 1717. Ces extraits se trouvent à la fin du *Recueil des épitaphes de Paris et des environs.* Vol. IX, p. 631.

(2) Même volume.

III.

MAISON DE MELUN.

> O race illustre dont le chef
> Ha fait chrestien les Roys de France :
> Par moy tu auras derechef
> Mesme gloire qu'à ta naissance.

Tel est le quatrain placé par le vieil historien Rouillard en tête de son « Dénombrement ou Catalogue de plusieurs seigneurs et dames illustres de la maison de Melun, » qui termine son Histoire de cette ville.

Et, pour justifier cette pompeuse origine, Rouillard commence sa généalogie par Aurélien, qu'il qualifie de premier duc de Melun, et qu'il fait vivre au temps de Clovis, « duquel il moyenna heureusement le mariage avec la royne Clotilde, et ainsi fut cause, après Dieu, que la couronne de France reçut la loi de l'Évangile. »

C'est là l'une de ces fables absurdes inventées par nos anciens chroniqueurs, qui pensaient ainsi donner plus de lustre aux provinces, aux villes ou aux familles dont ils voulaient raconter l'histoire.

La maison de Melun, quelque rôle important qu'elle ait joué, ne peut avoir la prétention de remonter au delà de Josselin Ier, qui était l'un des grands seigneurs de la cour de Hugues Capet. Parmi ses descendants les plus célèbres figure Guillaume le Charpentier, ainsi nommé parce que, dans les combats, rien ne pouvait résister à sa hache d'armes.

La terre de Blandy appartenait depuis un temps immémorial à cette illustre famille, qui prit une part considérable aux croisades et aux principaux événements de notre histoire. Mais, comme nous n'avons pas trouvé de preuves écrites de cette possession avant le vicomte Josselin II, c'est à partir de ce seigneur que nous commencerons l'histoire du château de Blandy.

La chronologie des vicomtes de Melun diffère beaucoup dans les historiens qui ont eu occasion de s'en occuper. Rouillard (1), du Bouchet (2), le P. Anselme (3), de Courcelles (4) et Michelin (5) sont loin d'être d'accord sur cette chronologie. La charte de Moisenay, de 1138, et trois autres chartes jusqu'alors restées inédites, habilement discutées par M. Duchalais (6), lui ont permis de

(1) *Histoire de la ville de Melun*, par Rouillard. Paris 1628, in-4°, p. 675-703.

(2) *Histoire généalogique de la maison royale de Courtenay*, par du Bouchet. Paris, 1661, in-fol., p. 204 et suiv.

(3) *Histoire généalogique de la maison royale de France*, par le P. Anselme, revue par le P. Ange et le P. Sulpicien. Paris, 1730, 9 vol. in-fol., t. V, p. 221 et suiv.

(4) *Histoire généalogique et héraldique des pairs de France*.

(5) *Essais historiques et statistiques sur le département de Seine-et-Marne*. Melun, 1841, 7 vol in-8°, t. I, p. 129.

(6) Dissertation sur une charte inédite de l'an 1138, relative à l'histoire des vicomtes de Melun, dans la *Bibliothèque de*

rectifier les erreurs dans lesquelles on était tombé précédemment à ce sujet.

Le premier acte où nous trouvons l'indication de la terre de Blandy est une lettre du pape Innocent III, du 16 mars 1206. Voici dans quelle circonstance elle est intervenue.

Un différend s'était élevé entre les moines du monastère de Saint-Martin des Champs, à Paris, et Adam, vicomte de Melun, à l'occasion du droit très-ancien que ces moines prétendaient avoir sur la huitième partie tant de la propriété du bois de Blandy et du miel que les abeilles y produisaient que sur la huitième partie de la dîme et du champart des terres essartées (1) attenant à ce bois, lequel, pour les sept autres parties, appartenait à Adam; mais ce seigneur repoussait la prétention des moines. Le pape Innocent III fut pris pour juge de ce procès; et, par sa lettre du 16 mars 1206, il délégua l'abbé de Saint-Jean en Vallée, le doyen et l'archidiacre de Chartres, pour remplir cette mission. On fit une enquête, dans laquelle furent entendus beaucoup de témoins. Parmi leurs dépositions, nous remarquons celle de Robert Marc, qui déclara que, du temps des deux vicomtes Josselin et Louis, il vit que les prieurs de Saint-Martin des Champs et de Saint-Sauveur de Melun (2) avaient, ainsi que ces vicomtes, leurs gardes dans le bois de Blandy, objet de litige, et que ce que l'un d'eux faisait était ratifié par les deux autres. Il ajoute que le vicomte Louis avait vendu le bois

l'École des chartes, deuxième série, t. I, p. 239, et suiv. (Il y en a eu un tirage à part.)

(1) Défrichées.
(2) C'était un prieuré conventuel de l'ordre des chanoines réguliers de Saint-Augustin, de fondation et nomination royales.

en question à Bernard de Lulerne (1) sans le consentement des moines de Saint-Martin des Champs; ce que ces moines ayant appris, ils vinrent vers ceux qui coupaient le bois, s'emparèrent de ce qu'ils avaient coupé, et ensuite ils prirent des gages, et se retirèrent vers le roi de France Louis VII, se plaignant du dommage qui leur était fait. Le témoin dit encore que l'acquéreur, se conformant au jugement du roi, donna caution aux moines pour la huitième partie du bois. On lui demande à qui ces gages ont été remis; il répond que c'est à M.... chambrier. On lui demande encore dans quel lieu; il répond que c'est à Fontaine (2).

La veuve de Louis Ier déposa aussi contre les prétentions du vicomte Adam, son fils.

A la suite de cette enquête intervint une sentence par défaut, qui donna gain de cause au monastère de Saint-Martin des Champs. Une loi du Digeste est citée dans cette sentence, dont le vicomte de Melun voulut interjeter appel; mais son appel fut déclaré non-recevable; puis l'affaire se termina par un accord passé entre Adam et le prieur, avec promesse d'en référer au roi de France Philippe-Auguste, si Adam n'obtenait pas cet accord, qui fut confirmé par lettre du roi, du mois d'avril 1214.

Les chartes intervenues dans cette affaire existent aux Archives de l'empire. Nous en donnons le texte, demeuré inédit jusqu'ici, dans nos pièces justificatives (3). L'accord avait été mentionné par du Bouchet en ces termes :

(1) Nous ne connaissons pas de localité de ce nom dans la Brie. Il ne peut s'agir ici que de la vente de la coupe de bois.
(2) Probablement Fontaine-le-Port.
(3) Numéros I, II, III, IV et V.

« Adam, IIe du nom, vicomte de Melun, traita avec le prieur de Saint-Martin des Champs de Paris, au mois de novembre MCC, des différends qu'ils avaient ensemble pour la terre et le bois de Blandy (1). » Le P. Anselme a reproduit cette mention, inexacte quant à la date, des chartes dont nous nous occupons, puisqu'elles sont de l'an 1209, et non de l'an 1200 (2).

Nous n'avons pu savoir comment le monastère royal de Saint-Martin des Champs avait acquis des droits sur une partie de la terre de Blandy. Dans l'enquête qui vient de nous occuper, on voit seulement que les moines invoquent une longue possession. On trouve, dans la seconde charte de fondation de ce monastère, datée de 1067, que Ursion, vicomte de Melun, fut un des seigneurs qui y apposèrent leurs sceaux (3). Peut-être est-ce ce même Ursion qui donna à cette abbaye certains droits sur la terre de Blandy. D'un autre côté, on voit dans le cartulaire de Saint-Martin des Champs, qui est à la Bibliothèque impériale, folio 86 (4), que des différends s'étaient élevés entre les moines de ce monastère et un certain Pierre Orphanius, d'Anet (5), et sa fille, au sujet, tant des dîmes et de l'église d'Anet que de la terre que les

---

(1) *Hist. gén. de la maison de Courtenay*, p. 206.
(2) *Hist. gén. de la maison de France*, t. V, p. 222.
(3) *Monasterii regalis S. Martini de Campis historia*, par Martin Merrier. Paris, 1633, in-4°, p. 14.
(4) Département des Mss, cartulaire 55.
(5) Anet dont il s'agit ici est le village d'Annet, canton de Claye, arrondissement de Meaux. Cette terre avait été donnée par le roi Henri Ier, dans le onzième siècle, au monastère de Saint-Martin des Champs de Paris, dont le prieur en était encore collateur et seigneur en 1789.

mêmes moines possédaient à Blanzi, sur laquelle Orphanius élevait aussi des prétentions. Or, comme, dans l'enquête de 1209 et dans d'autres actes de la même époque, Blandy est quelquefois nommé *Blanzi*, nous sommes porté à croire que c'est de cette localité qu'il s'agissait (1). Ces différends furent terminés par l'intervention de Geoffroy, abbé de Lagny, et du sénéchal Étienne de Garlande, et l'accord qui intervint porte : « *Terram etiam de Blanzi, quam monachi diu tenuerant, beato Martino in perpetuum habendum concesserunt.* » Ainsi Orphanius et sa fille reconnurent par là aux moines la possession qu'ils avaient déjà de la terre de Blanzi. Geoffroy fut abbé de Lagny de 1107 à 1124, et Étienne de Garlande sénéchal de 1120 à 1126 ; cet accord dut donc avoir lieu entre les années 1120 et 1124. Il prouve que, dès cette époque, le monastère de Saint-Martin des Champs possédait des droits à Blandy.

Nous verrons plus tard encore le monastère de Saint-Martin des Champs posséder divers droits à Blandy, et il les conserva jusqu'à la révolution de 1789.

Quoi qu'il en soit, on a vu par la déposition du témoin Robert Marc, dans l'enquête de 1209, que le vicomte Josselin avait possédé la terre de Blandy ; c'est donc à lui que nous commencerons l'histoire de cette terre.

Il résulte des recherches de M. Duchalais que, la branche masculine de la première maison de Melun s'étant éteinte, Mahaut, fille du dernier des vicomtes de cette

(1) Il est nommé aussi Blanzy dans la « Généalogie de la maison de Longueville avec une déduction des seigneuries appartenantes à ladite maison, par Jean Beaudreuil, conseiller et président de la chambre des comptes de Louis II, duc de Longueville. » Dans la Roque, t. III, p. 733.

branche, épousa un seigneur, nommé Adam de Chailly, qui devint ainsi le chef de la seconde maison de Melun.

C'est cet Adam de Chailly qui, en 1138, donna la charte aux habitants de Moisenay. Il vivait encore en 1141. Il avait eu un fils, nommé Gilles, qui mourut avant lui, laissant deux fils, Josselin et Adam.

L'aîné de ces fils, Josselin, succéda à son grand-père dans la vicomté de Melun. En 1156 il donna, suivant le P. Anselme (1), la moitié de la forêt de Féreus (probablement Féricy) à l'abbaye de Barbeaux. C'est ce Josselin, qui vivait encore en 1157, dont il est question dans la déposition de Robert Marc. Il avait épousé une femme nommée Alaïs, et il en eut un fils appelé Louis, qui lui succéda comme vicomte de Melun. C'est de ce vicomte Louis que parle aussi le témoin Robert Marc, et ce fut sa veuve qui comparut également dans l'enquête.

On ne sait presque rien sur la vie du vicomte Louis. Il fut présent à l'accord que le roi Louis VII fit entre Gauthier, seigneur de Nemours, son chambellan, et l'abbé de Barbeaux, en 1172. Il est encore nommé dans une charte de l'abbaye de Saint-Denis, en 1183. Il avait épousé Gisle, dont le surnom est ignoré. Plusieurs enfants naquirent de ce mariage. L'aîné fut Adam II, dont nous allons parler, et le second Jean de Melun, nommé évêque de Poitiers en 1235 (2).

On ignore l'époque de la mort du vicomte Louis, et par conséquent celle à laquelle son fils, Adam II, lui succéda. Nous voyons seulement celui-ci possesseur en 1206 de la vicomté de Melun et de la terre de Blandy, puisque

(1) T. V, p. 222.
(2) *Idem, ib.*

ce fut alors qu'il eut le différend dont nous avons parlé avec les moines de Saint-Martin des Champs.

Adam II fit un arrangement avec Milon de Courtry, relativement à des droits de chasse que celui-ci avait, comme ses prédécesseurs, dans le bois de Blandy, qu'il tenait en fief du vicomte. Par un échange du mois de février 1213, le seigneur donna à Milon le bois Guarin, qui provenait de Robert Cornut (1).

Adam II avait été envoyé, par le roi Philippe-Auguste, en 1207, contre Aimery VII, vicomte de Thouars, commandant les armées de Jean, roi d'Angleterre, qu'il battit et fit prisonnier. Il se signala aussi à la bataille de Bouvines, en 1214; accompagna, l'année suivante, Louis de France, fils aîné du roi, en Languedoc, pour faire la guerre aux Albigeois, et passa avec lui en Angleterre lorsque ce prince y alla pour se faire couronner roi, en 1216. Il fit, avant de partir, plusieurs dons à l'abbaye du Jard; et, se trouvant à Calais, le dimanche après la fête de Saint-Nicolas, au mois de décembre de la même année, il fit son testament, par lequel il légua au curé de Blandy deux setiers par an de grains d'hiver, à charge de célébrer à perpétuité des messes le jour anniversaire de sa mort, tant dans la chapelle qu'il fondait dans le château, en l'honneur de la sainte Vierge, que dans l'église paroissiale (2). Un amortissement approuvé par le roi Charles IV, au mois de février 1321, assura cette fondation (3).

Adam II avait nommé pour ses exécuteurs testamen-

---

(1) Bib. imp., cartulaire du Jard, ann. 1213.
(2) Voy. ce testament dans les pièces justificatives, numéro VI.
(3) Pièces just., numéro VII.

taires Jean de Melun, alors archidiacre de Sens, son frère, et Gauthier II, seigneur de Nemours, son cousin germain. Il mourut en Angleterre, le 22 septembre 1217, suivant Albéric, Philippe Mouske et le martyrologe de l'abbaye de Barbeaux.

Adam II avait épousé Aremburge, qui vivait encore en 1220. Il en eut plusieurs enfants, entre autres, Guillaume II, qui lui succéda dans la vicomté de Melun, et une fille, nommée Héloïse, que le vieil historien Rouillard appelle Héloïse de Blandy (1), et qui épousa Jean de Garlande, chevalier (2).

Il paraît, en effet, qu'Héloïse hérita, sinon de la totalité, du moins d'une partie de la terre de Blandy; car nous voyons que, par son testament, elle laissa quatre-vingts arpents de bois et douze de terres arables, situés sur Blandy à l'abbaye du Jard. La délivrance en fut faite au mois de février 1225 (3). Cette partie de terres qu'elle avait à Blandy provenait probablement du legs que son père lui avait fait de cent livres de rente et de mille livres en argent à prendre sur ses bois.

(1) *Histoire de Melun,* p. 379.
(2) La famille de Garlande était une des plus considérables de la Brie. Elle possédait la seigneurie de Tournan. Garlande était un hameau, aujourd'hui détruit, dépendant de la commune de la Houssaye, canton de Rozay.
(3) « Ego Johannes archidiaconus Senonensis omnibus... Quod Heloys de Blandiaco uxor quondam Johannis militis de Garlanda, in extremis me avunculum suum et abbatem et priorem de Jardo sui testamenti reliquit exequtores, in quo continebantur 80 arpenta nemoris et 12 terræ arabilis, apud Blandi et apud Bordam. Ego dicto abbati medietatem contuli possidendam et reliquam medietatem pro 114 lib., vendidi. 1225, mense februario. » — Bib. imp. Mss., cartulaire de Saint-Jean du Jard, f⁰ 217.

Guillaume II mourut le 4 mai 1221, et fut inhumé à l'abbaye du Jard. Il avait épousé Agnès, dame de Montreuil-Bellay en Anjou. Quatre enfants naquirent de ce mariage, dont l'aîné, Adam III, lui succéda. Il prit, outre le titre de vicomte de Melun, celui de seigneur de Montreuil-Bellay.

Adam III, avant de partir pour la croisade, fit, au mois de juillet 1247, son testament, par lequel il fit un legs à l'église de Blandy. Il mourut le 9 février 1250.

Sceau d'Adam III (1).

Le fait le plus mémorable qui se rapporte à l'histoire de Blandy, pendant qu'Adam III en était seigneur, est le séjour que le roi Louis VIII fit au château, qu'il visita

---

(1) Ce sceau contient l'écu de la maison de Melun, d'azur à sept besants d'or, trois, trois et un au chef d'or. Il est tiré des archives de l'empire J. 178, pièce 20, de mai 1246.

en 1225. Voici en effet ce que nous lisons dans l'un des manuscrits de Gaignières : « *Anno Domini MCCXXV. Die Veneris post festum S. Luce apud Blandi gistum... LXIIII. — Et servientes habuerunt omnia necessaria in villâ* (1). »

Louis VIII tint une grande assemblée à Melun en cette même année 1225 (2). Ce fut probablement en cette occasion qu'il se rendit à Blandy et coucha au château.

Adam III avait été marié deux fois : la première à Gertrude, dont il n'eut pas d'enfants, et la seconde à Comtesse, de Sancerre, dont il eut neuf enfants. Cette vicomtesse de Melun habita Blandy, ainsi que l'attestent ses lettres datées de ce lieu, au mois de juin 1258, par lesquelles elle fit un don à l'abbaye de Barbeaux, et par d'autres lettres d'elle et de son fils Guillaume, datées aussi de Blandy, au mois de juin 1259, en faveur de Saint-Martin de Champeaux (3). En 1269 elle donna des bois situés sur Blandy à l'abbaye du Jard. Plus tard elle fit à la même abbaye une autre donation de quarante-deux arpents de terre situés entre Blandy et Fouju, dont la délivrance fut opérée en vertu des lettres du roi Philippe le Hardi, en date du mois de mai 1284 (4); et au mois de mai 1269 nous trouvons une transaction entre la vicomtesse de Melun et l'abbé Philippe de Château-Landon, par laquelle elle s'engagea à payer à cet abbé trente livres sur

---

(1) Bib. imp. départ. des Mss. Gaignières, registre 772[1], page 631, *verso*. (Extraits de plusieurs titres de la chambre des comptes de Paris.) — Ducange, Glossaire, V. *Gista*.

(2) *Histoire de saint Louis*, par Tillemont, t. I, p. 372.

(3) Bib. imp., Cabinet des titres, 1er carton de la maison de Melun, 4e cah. du XIIIe siècle.

(4) Même carton, 5e cahier.

des biens situés en divers lieux, notamment à Blandy (1). Enfin, la même vicomtesse légua par son testament, à l'abbaye du Jard, vingt livres, qui lui furent délivrées, en 1279, par Adam et par son frère Jean, sur leurs terres de Blandy, Vaux le Vicomte et Fourches (2).

Parmi les dons alors faits au curé de Blandy, il en est un que nous remarquons par sa singularité. Il paraît que le curé qui desservait cette paroisse n'avait pas de missel du diocèse de Sens, et qu'il se servait d'un missel de Paris. Jean de Melun, évêque de Poitiers, second fils du vicomte Louis, par son testament du 28 septembre 1256, lui légua son missel de Sens, à la charge de vendre le sien, par l'intermédiaire du chancelier et de l'abbé de Saint-Victor, au profit des pauvres écoliers; et, si le curé de Blandy préférait garder son missel de Paris, celui de Sens devait être vendu par l'abbé du Jard, et le prix donné aux pauvres (3).

Le premier fils d'Adam III, appelé Guillaume, succéda à son père. Il est connu sous le nom de Guillaume III, seigneur de Montreuil-Bellay, dans la chronologie des vicomtes de Melun. Il épousa, en 1260, Alix, dame de

---

(1) Cabinet des titres, 1er carton de Melun.
(2) Cartulaire de l'abbaye du Jard précité.
(3) « Item si missale nostrum de usu Senonensi meliùs placet presbytero de Blandiaco, quoniam suum quod est de usu Parisiensi, volumus et præcipimus illud pro suo sibi dare, et suum vendi per dictum cancellarium et abbatem Sancti Victoris, et prætium sicut de aliis dictum est pauperibus scolaribus erogari; et si forte dicto presbytero missale nostrum meliùs quam suum non placeret, ipsum missale per abbatem de Jardo vendatur et pretium pauperibus erogetur. » — Bib. imp., cart. 1er de la maison de Melun, Cab. des tit., 4e cahier du XIIIe siècle.

Chacenay, et accompagna saint Louis à la croisade, en 1270, avec trois bannières et douze chevaliers « aux gages de 5000 livres et bouche à la cour, en l'hôtel du Roi, » ainsi qu'on le voit dans un état de la chambre des comptes. Il mourut en 1278, et fut enterré à l'abbaye du Jard.

Son frère cadet, Adam IV, lui succéda; mais on voit par un acte du 2 avril 1285, qui était déposé aux archives du château de la Borde le Vicomte, qu'un partage avait eu lieu entre Adam et son frère Jean, seigneur d'Eprunes et de la Borde. Celui-ci eut pour sa part la moitié de la vicomté, ainsi que celle des bois de Blandy qui avoisinaient le plus la Borde, les dîmes et terrages de Blandy, la maison de la Bergerie, avec le jardinet qui était derrière, lesquels se trouvaient en la maison au Magneu de Blandy (1), six setiers de blé et d'avoine pris en la dîme de Sivry. Chacun des deux frères avait toute justice et toute seigneurie en tous les lieux; et les blés ainsi que les avoines récoltés à Blandy et à la Borde étaient communs (2).

Adam IV avait épousé, avant l'an 1280, Jeanne de Sully, fille de Henry deuxième du nom, sire de Sully et de Pernelle de Joigny, dame de Château-Renaud. Elle mourut le 4 mai 1306 (3). Elle avait concouru, avec son mari, à donner une charte d'affranchissement aux habitants de Blandy.

---

(1) Magneu était synonyme de Mesnil, qui voulait dire *métairie, ferme, maison de campagne.*

(2) Bib. imp., cabinet des Titres, 1er carton de Melun, 5e cahier.

(3) Le P. Anselme, t. V, p. 334.

Sceau d'Adam IV (1).

Voici en effet un extrait des titres qui étaient dans les archives de la maison de Longueville à Châteaudun.

« Une transaction passée entre Adam, vicomte de Melun, et Jeanne de Sully, d'une part, et les habitants de Blandy, d'autre, par laquelle ledit seigneur Adam les quitte, délivre et affranchit de tout genre de servitude, taille et généralement de tous autres droits de servitude, eux, leurs hoirs et leurs successeurs, et ceux qui auront cause d'eux, moyennant plusieurs droits à prendre sur des terres de la seigneurie dudit Blandy et aux droits y mentionnés, et outre à la somme de XVIII^c livres payée comptant par lesdits habitants, dont les seigneurs les quittent par ladite transaction (2). »

Nous aurions désiré retrouver le texte même de cette

---

(1) Sceau d'Adam IV, vicomte de Melun, archives de l'empire. J. 178, pièce 44, de février 1289.

(2) Bib. imp., cabinet des Titres.— Melun (1300), 1er cah.

charte. Nous avons dû à la bienveillance de M. le duc de Luynes, digne héritier de la grande et illustre maison de Longueville, l'autorisation de rechercher cette pièce parmi celles qui proviennent des archives du Dunois et qui ont pu être sauvées des dévastations révolutionnaires ; mais nos recherches ont été infructueuses. La note que nous venons de transcrire n'indique pas la date de cet acte important; nous croyons toutefois qu'il a été passé vers l'année 1305, peu de temps avant le décès d'Adam IV. Ce vicomte eut pour successeur son fils aîné, Jean Ier, qui devint ainsi vicomte de Melun et seigneur de Montreuil-Bellay.

Jean Ier épousa, vers 1316, en premières noces, Jeanne, fille de Robert, seigneur de Tancarville, chambellan héréditaire de Normandie (1), et sœur de Guillaume, dernier héritier direct du nom de Tancarville, qui était prédécédé. Jean de Melun se trouva ainsi réunir sur sa tête la seigneurie de Tancarville et la qualité de grand chambellan héréditaire de Normandie, qu'il joignit à celle de grand chambellan de France. Par cette alliance, à l'écusson de la maison de Melun furent unis les angemmes d'or des Tancarville.

Jean Ier servit dans les guerres de Gascogne et du Rouergue, et fut exécuteur testamentaire du roi Philippe VI, dit de Valois.

Ce fut au mois de juin 1321 que le roi Philippe le Long accorda, à la demande de Jean Ier, l'établissement d'un marché dans *la ville* de Blandy, le jeudi de chaque semaine (2). Le roi Charles IV, par une autre ordonnance

(1) On peut voir sur la famille de Tancarville l'ouvrage de M. Achille Deville, intitulé : « *Histoire du château et des sires de Tancarville.* » Rouen, 1834, in-8°.

(2) Voir le texte de cette ordonnance aux pièces justificatives, n° VIII.

du mois de novembre 1322, accorda, toujours à la demande de Jean Ier, l'établissement de la foire qui existe encore le jour de la Saint-Matthieu et qui est une des plus fortes de la Brie (1).

Quelques années après cet établissement, Jean Ier, ayant perdu sa première femme, épousa, par contrat passé à la Neuville-en-Hez, le 3 novembre 1327, sous forme de lettres patentes du roi Charles IV, Isabelle, dame d'Antoing; il lui donna pour douaire, sa vie durant, son manoir de Blandy, avec des terres pour une valeur de deux mille livres tournois. A la mort de la vicomtesse, l'aîné des enfants nés de ce mariage avait le droit de garder le château de Blandy, ou de prendre à sa place la maison que Jean Ier possédait à Melun et des terres pour deux mille livres (2).

Il existe aux archives de l'empire des lettres de Jean Ier par lesquelles il reconnaît que c'est à tort que Jacquet de Roumainville lui a baillé le cerf qu'il a pris sur la terre de Moisenay, et que cet acte ne peut préjudicier aux droits de l'abbé de Saint-Maur les Fossés, seigneur de ce pays. Elles furent données à Blandy, le mardi VIIe d'août 1330 (3).

Jean Ier mourut en 1350. Isabelle d'Antoing, son épouse, lui survécut d'environ quatre ans; car elle mourut le 6 décembre 1354 (4). Elle laissa trois enfants, dont un fils, qui fut Hugues de Melun, seigneur d'Antoing et d'Épinoy, de qui sont issus les seigneurs d'Antoing, princes d'Épinoy, et le duc de Joyeuse.

(1) V. le texte de cette ordonnance aux pièces justificatives, n° IX.
(2) Pièces justif., n° X.
(3) S. 1344.
(4) Le P. Anselme, t. V, p. 226.

Il est vraisemblable que Hugues choisit la maison de ville; car Jean II, vicomte de Melun, fils aîné de Jean Ier et de Jeanne de Tancarville, devint seigneur de Blandy. Mais avant d'arriver à ce seigneur et à ses deux fils, qui tous trois ont joué un rôle considérable dans l'histoire, nous rencontrons le testament daté de Milly-lès-Ailly, l'an 1334, lundi avant la Purification de Notre-Dame, par lequel Jean d'Ailly, maître d'hôtel de la reine, laissa à l'église de Blandy dix sous, au curé huit sous, au même pour un trentez (1) cinq sous, et à son clerc trois sous (2).

(1) Trentez ou trentain « un sacristain appelle ainsi un nombre de trente messes qu'on fait dire pour un défunt. *Tricenarius missarum pro defunctis numerus.* » Dict. de Trévoux, v° TRENTAIN.

(2) Cartulaire de l'abbaye du Jard précité.

Milly était alors une paroisse, et il n'y existe plus aujourd'hui qu'une ferme dépendant de la commune de Sivry-Courtry. Ailly n'est plus aussi qu'une ferme dépendant de la même commune.

IV.

LES COMTES DE TANCARVILLE.

—

Quoique les trois comtes de Tancarville dont nous allons nous occuper, et que l'on appelle en Normandie les chambellans de Tancarville, parce que cette charge était, comme nous l'avons dit, héréditaire dans leur famille, appartiennent à la maison de Melun; ils tiennent une place si importante dans l'histoire générale de la France et dans l'histoire particulière de Blandy que nous croyons devoir leur consacrer un chapitre à part.

Jean Ier, étant décédé en 1350, eut pour successeur le fils aîné qu'il avait eu de sa première femme, Jeanne de Tancarville. Ce fils était aussi appelé Jean; il est le deuxième du même nom dans la chronologie des vicomtes de Melun.

Jean II avait épousé, vers l'année 1334, Jeanne Crespin, dame de Warenguebec, d'Estrépagny et de Néauffle. Elle lui avait apporté, avec la grande fortune de la famille du Bec-Crespin, le titre de connétable héréditaire de Normandie. Il en eut deux fils, dont nous aurons occasion de nous occuper par la suite, et une fille, nommée Marguerite, qui reste étrangère à cette histoire.

Jean II hérita de tous les titres de son père, et fut, comme lui, grand chambellan héréditaire de Normandie, et, ce qui valait beaucoup mieux, grand chambellan de France.

Dans sa jeunesse, Jean II avait combattu les Maures en Espagne. Il fit partie de la puissante armée réunie à Toulouse en 1346, sous les ordres de Jean, duc de Normandie, fils de Philippe de Valois. Il assista à la prise de Miremont et aux siéges d'Angoulême et d'Aiguillon. Puis il fut envoyé, avec le connétable Raoul de Nesle, à Caen, pour défendre cette ville, qui était attaquée par le roi d'Angleterre Édouard III. Mais ils furent obligés de se constituer prisonniers, car les bourgeois, qui, avant de voir l'ennemi, avaient fait force bravades, lorsque le moment fut venu ne les secondèrent pas dans cette défense. Tous deux, après s'être vaillamment battus à la porte du pont qui avoisine l'église de Saint-Pierre, se mirent à la disposition d'un chevalier anglais, borgne, qui se nommait Thomas Holland. Ils l'avaient connu à Grenade, en Prusse et en d'autres campagnes. Froissart raconte ainsi cette scène : « Si l'appelèrent en passant et lui dirent : — Messire Thomas, parlez à nous. — Quand le chevalier se ouït nommer, il s'arrêta tout coi et demanda : — Qui êtes-vous, seigneurs, qui me connaissez? — Les dessus dits seigneurs se nommèrent et dirent : — Nous sommes tels, venez parler à nous en cette porte, et nous prenez à prisonniers. — Quand le dit messire Thomas ouït cette parole, il fut tout joyeux, tant pour ce qu'il les pouvoit sauver, que pour ce qu'il avoit, en eux prenant, une belle journée et une belle aventure de bons prisonniers, pour avoir cent mille moutons (pièces d'or)... »

Et en effet le prince de Galles acheta de Thomas Holland

ses deux prisonniers, moyennant vingt mille nobles d'or à la rose. Ils furent conduits en Angleterre. Jean de Melun obtint l'autorisation de repasser en France, sur parole, au commencement de 1347, pour aviser au moyen de payer sa rançon. Il échangea la baronnie de Mésidon, qu'il possédait en basse Normandie, contre sept manoirs que les moines de l'abbaye de Grestain avaient en Angleterre, en fit l'abandon au prince de Galles, et obtint ainsi sa liberté.

Peu après son avénement au trône, le roi Jean érigea, en faveur du vicomte de Melun, la seigneurie de Tancarville en comté, par lettres du 4 février 1351. On y lit ce préambule : « Faisons savoir à tous tant présents que à venir que, touché de la fidélité constante et éprouvée, de la prudence et de la conduite sage et prévoyante de notre amé et fidèle Jean, vicomte de Melun, chambellan de France et de Normandie, et ayant pour agréables et bien reçus les services rendus aux rois nos prédécesseurs et à nous-même, dans les affaires de notre royaume, par ses prédécesseurs, et ceux qu'il nous rend lui-même depuis longtemps... de notre pleine autorité royale, nous créons le dit Jean comte de Tancarville, et annexons le titre et la dignité de comté, à perpétuité, au lieu et domaine de Tancarville, statuant par la teneur des présentes que lui-même, tant qu'il vivra et les héritiers et successeurs du seigneur de Tancarville, après sa mort, soient réputés, reconnus et nommés comtes de Tancarville, et qu'ils jouissent de l'honneur, droit et prérogative du dit comté. »

Le même roi conféra aussi à Jean II la dignité de grand maître de France, qu'il joignit à celle de grand chambellan, dont il avait hérité de son père.

Le comte de Tancarville fut chargé par le roi Jean

d'aller négocier le mariage de Philippe de France, depuis duc de Bourgogne, avec la fille du comte de Flandre, Robert de Mâle. Il combattit à la bataille de Poitiers, le 19 septembre 1356, avec son fils aîné Jean et son frère Guillaume de Melun, archevêque de Sens.

Ils furent faits prisonniers avec le roi, à cette funeste bataille gagnée par les Anglais, sous les ordres du prince de Galles, et conduits en Angleterre. Que devint le château de Blandy pendant la captivité du seigneur et lorsque Melun eut été livré (1358) par la reine Blanche, veuve de Philippe VI, à son frère Charles II, roi de Navarre, dit le Mauvais? C'est ce que nous n'avons pu découvrir.

En 1359, le roi envoya, avec un sauf-conduit d'Édouard, le comte de Tancarville et son frère l'archevêque à Paris, pour faire ratifier par les états les articles du traité de paix conclu entre lui et le roi d'Angleterre. Mais ce traité était si honteux qu'il fut rejeté par l'assemblée, qui, du reste, était fort peu nombreuse. Les messagers furent donc obligés de retourner en Angleterre sans avoir réussi dans leur entreprise. Mais peu après les mêmes négociateurs repartirent pour la France, et la paix fut conclue au mois de mai 1360, à Bretigny, près de Chartres. Le comte de Tancarville fut un des quarante otages donnés pour garantie de l'exécution de ce traité.

En récompense de ces services, le roi Jean le fit entrer dans son *grand et étroit conseil*, et ajouta la dignité de souverain maître des eaux et forêts à toutes celles dont il jouissait déjà.

Au mois d'août 1362, le comte de Tancarville accompagna le roi Jean dans son voyage de Bourgogne, et en

1363 il fut du nombre des seigneurs qui prirent la croix à Avignon, avec le roi de France et le roi de Chypre, pour aller faire la guerre aux Turcs. La mort du roi Jean, qui suivit de près ce déplorable projet, y mit fin.

Au mois de mai 1364, le roi Charles V fut sacré à Reims. Le comte de Tancarville assista à cette cérémonie, et continua d'avoir une grande part aux affaires sous le règne de ce sage monarque.

Il agrandit son domaine de Blandy, et acquit de Simon de Roucy, en 1368, soixante-dix arpents de bois, appelé le bois d'Agripet, situé dans les bois de Blandy, moyennant la somme de 200 fr. d'or, au coin du roi (1).

Mais, au point de vue de l'histoire de Blandy, ce que ce seigneur fit de plus important fut la construction du château tel qu'il existe encore aujourd'hui.

Nous allons faire connaître en quelle circonstance le château qui s'y trouvait auparavant fut fortifié.

On sait que la guerre avec les Anglais recommença en 1369 avec plus d'acharnement encore qu'elle n'en avait eu sous le roi Jean. Une armée anglaise, commandée par Robert Knolles, débarqua à Calais vers le milieu de juillet 1370, traversa l'Artois, le Vermandois, le pays de Laon, passa la Marne et l'Aube, ravagea la Champagne et la Brie, et s'avança vers Paris par le Gâtinais (2). Charles V, qui, suivant Rouillard, faisait sa demeure ordinaire à Melun (3), se trouvait néanmoins dans la

(1) Extrait des titres de la maison de Longueville qui existaient à Châteaudun, tiré du carton 1ᵉʳ de la maison de Melun, cah. 13ᵉ. (Bibliothèque impériale, cabinet des Titres.)

(2) Froissart, éd. Buchon, t. V, p. 210. — Sismondi, *Hist. des Français*, t. XI, p. 141.

(3) Page 480.

capitale de son royaume lorsque les Anglais en approchèrent; mais ils n'y entrèrent pas et s'acheminèrent vers le Maine et l'Anjou.

Ce fut en ces circonstances que Charles V voulut, sans doute, que Melun fût défendu du côté de la Champagne par des fortifications avancées (1). Le 19 mars 1371, il rendit un mandement par lequel il enjoignit au comte de Tancarville de fortifier sa terre de Blandy, prenant l'engagement de concourir pour sa part aux frais de ces fortifications. C'est ce que nous apprennent les mentions suivantes que nous trouvons dans le premier carton, cahier 13 du XIVe siècle de la maison de Melun, à la Bibliothèque impériale, cabinet des Titres,

« Extrait du compte dixième de Jean Luillier, receveur général des aydes.

« Plusieurs paiements faits au comte de Tancarville,

---

(1) Champeaux fut aussi mis en état de défense. Charles VI ordonna, par des lettres du 27 octobre 1405, au bailli de Melun, de contraindre les habitants de Champeaux à contribuer, chacun selon ses moyens, aux frais et dépenses nécessaires pour la réfection du pont-levis et autres ouvrages et réparations à faire pour la clôture et défense de ce bourg. Ces lettres sont mentionnées dans l'Inventaire général des titres du chapitre de Champeaux, dont le manuscrit existe aux archives de la préfecture à Melun. On y voit encore que François Ier octroya des lettres, au mois de mai 1544, aux manants et habitants du bourg de Champeaux, par lesquelles il leur permet de clore et fermer Champeaux de murailles, tours, canonnières, barbacanes, pont-levis, portes, poteaux, boulevards, fossés et autres forteresses requises, le tout à leurs frais. Des lettres d'Henri III, du 30 mai 1578, autorisent les habitants à faire achever, à leurs frais, les fortifications discontinuées à cause des guerres civiles, moyennant 600 écus, dont ils sont convenus entre eux.

tant pour fortifier Blandy que pour des voyages en Angleterre et en Bretagne, en 1370, 1371 et 1372.

« Argent donné par le Roy pour fortifier Blandy.

« Monseigneur Jehan, comte de Tancarville, vicomte de Melun, chambellan de France, sur la somme de CC francs d'or, à lui donnés pour les frais quil luy conviendra faire pour la fortification du chastel de Blandy, par mandement du 19 mars 1371. Quittance du 22. — IIe f.

« Ib. pour fortifier Blandy.

« Monseigneur Jehan, comte de Tancarville, vicomte de Melun et chambellan de France, sur M (mille) fr. d'or que le Roy lui a baillés pour luy aider à supporter les frais et missions quil luy conviendra faire pour la fortification du chastel de Blandy, par mandement du 19 mars 1371. Quittance du 14 juillet 1372. VIIIe fr. »

Ces extraits sont d'une extrême importance pour l'histoire du château de Blandy, car ils fixent avec une grande précision la date à laquelle il fut fortifié.

Nous trouvons la preuve dans le carton d'où nous avons exhumé les précieux extraits qui précèdent qu'en 1379 Jean de la Tournelle, seigneur de la Villette, chevalier, en sa qualité de tuteur de son fils, né de son mariage avec Marie de Melun (1), avait des propriétés et des droits seigneuriaux à Blandy. C'était probablement une partie de ceux dont le père de Marie de Melun avait hérité d'Adam III et dont il est question dans l'acte du 2 avril 1285, que nous avons déjà mentionné. Voici

(1) Elle était fille de Jean de Melun, seigneur de la Borde, et de sa seconde femme, Pernelle de Nevelon. Elle fut sous la tutelle de Jean III de Melun, son cousin, en 1335, et épousa Jean de la Tournelle, seigneur de la Villette. (V. le P. Anselme, t. V, page 241.)

l'aveu qu'en fit Jean de la Tournelle, tel qu'il existait dans le *Registre des aveux du bailliage de Melun,* gardé en la chambre de France.

« A tous ceux qui ces lettres verront, Jean de la Tournelle, chevalier, seigneur de la Villette, salut : Savoir faisons que nous, comme aïant la garde, gouvernement et mainbournie (tutelle) de Jean de la Tournelle notre fils et fils de feu Marie de Melun, jadis notre compaigne, dont Dieu ait l'âme, tenons et avouons tenir en fié, du roy nostre sire, à cause de son chastel de Melun, les héritages, possessions et revenus ci-après... que dessus tenons et possédons issu en partie de la vicomté.....

« A Blandy nous tenons une granche appelée la granche Destoureches (1), le jardin et pourpris d'icelle (2), avec les champarts pris sur plusieurs pièces de terre au terroire du dit Blandy, lesquels champarts valent à présent huit mines (3) de grain dont le curé de Blandy, à cause de la chapelle du dit Blandy, prend deux muids par chacun an, moitié blé, moitié avoine; *item* tenons au dit Blandy environ cent sols parisis de cens portant lods et ventes, environ XXXII gelines (4) chacun an, les jours des morts, pour plusieurs héritages assis à Blandy. »

Ce démembrement d'une faible partie de la terre de Blandy n'empêchait pas le comte de Tancarville d'être

---

(1) Grange, voulait dire, dans le langage de cette époque, une métairie, une ferme. (V. du Cange, *Glossaire français*, au mot GRANGE.

(2) Pourpris signifiait un enclos, une enceinte, lieu fermé de murs ou de haies. (Même glossaire, v° POURPRINSE, POURPRIS.)

(3) La mine était une mesure équivalente à environ la moitié d'un setier de Paris (78 *litres*).

(4) Poules, *Glossaire français* de du Cange, v° GÉLINES.

seigneur de ce bourg, et de posséder le château qu'il avait fortifié. Ce prince aimait le luxe et était fort habile dans les exercices de la chasse. Un poëte, qui écrivait vers 1360, nous le représente dans son manoir de Blandy, pris pour juge d'un débat qui s'était élevé entre deux dames sur la prééminence de la vénerie et de la fauconnerie. Nous allons citer ses vers :

> Nous sommes tous paroissiens
> De la grant paroisse aux chiens.
> Cy commencèrent tous à rire,
> Les dames eurent fait escripre
> Et prièrent au messaigier
> Que tost se vousit avancer
> Et lui firent bailler argent
> Pour despendre assez largement.
> I s'en va le clerc come saige,
> Au conte faire son messaige
> Tant erra quil est arrivé
> A BLANDY où il l'a trouvé.
> Illec estoit en sa maison
> Sur son poing tenoit un faulcon
> Quil avoit nouvel pris.
> Luy dit sire Dieu vous voint joye
> Deux femmes que je n'oseroie
> Nommer m'envoient devers vous
> Et si vous prient par amours
> Que vous les ayes pour excusées
> S'ilz ne sont es lectres nommées
> Qui vous envoient par moy (1)....

(1) *Débat de deux dames sur la prééminence de la vénerie et de la fauconnerie.* Ce petit poëme se trouve intercalé dans *le livre du roi Modus et de la reine Ratio*, éd. de Chambéry, 1486, in-fol. Il y en a un manuscrit daté de 1379 à la Bib. imp. Cet ouvrage a été réimprimé par M. Blaze, 1839, grand in-8º. — V. aux pièces justificat., nº XI, le même fait décrit par Guillaume Cretin.

Le comte de Tancarville a laissé une grande et noble réputation. Il a été, suivant un historien contemporain, un « seigneur véritable et preudome, bon, loyal et sage conseilleur (1). » Il mourut en 1382, et fut enterré à l'abbaye du Jard.

Jean II eut pour successeur dans la vicomté de Melun et le comté de Tancarville son fils aîné, Jean III, qui fut grand chambellan de Normandie. Mais il ne succéda pas à son père dans la charge de grand chambellan de France, que le roi Charles VI conféra au sire d'Albret, qui avait épousé Marguerite de Bourbon, sœur de la reine. Jean III s'était marié à Ide, dame de Marigny, dont il n'eut pas d'enfants. Il fut lieutenant du roi dans les provinces de Champagne et de Brie, et mourut avant 1385; ainsi il ne jouit pas longtemps des propriétés et des titres qu'il tenait de son père.

Le second fils de Jean II, comte de Tancarville, succéda à son frère Jean III. Il s'appelait Guillaume, et fut le quatrième de ce nom dans la liste chronologique des vicomtes de Melun.

Un des premiers actes de ce seigneur, lorsqu'il fut devenu vicomte de Melun et comte de Tancarville, fut l'hommage qu'il fit au roi Charles VI de la terre de Blandy. En effet, voici la mention que nous trouvons dans le premier carton de la maison de Melun, à la Bibliothèque impériale, d'où nous avons tiré déjà de si précieux documents :

« Hommage de la terre de Blandy par Guillaume de Melun, chevalier, 20 may 1385, qui lui avoit été trans-

---

(1) Christine de Pisan, *Livre des fais et bonnes meurs du sage Roy Charles V*. (Collect. Petitot, 1re série, t. V, p. 376.)

portée par Jehan de Melun, comte de Tancarville, son frère, auquel elle avoit été transportée par Jehan de Melun, son cousin (1). »

Ce Jean de Melun était Jean de la Tournelle, dont il a été question dans l'aveu de 1379, et qui, étant mort sans enfants, avait laissé à Jean III la partie démembrée en 1285 de la terre de Blandy.

Le 12 novembre 1385, le roi alloua au vicomte Guillaume IV une somme de cinq cents livres pour « restablir son chastel de Blandy (2). »

Le 25 des mêmes mois et année, on fit le « dénombrement des fiefs, cens et autres lieux possédés par l'abbaye de Saint-Séverin de Château-landon. » Il en résulte que cette abbaye possédait alors « une granche à Blandy (3). »

Le 3 août 1386 Guillaume IV, comte de Tancarville, par des lettres datées du châtel de Blandy, racheta une rente annuelle et perpétuelle de dix-huit livres dix-neuf deniers parisis, que son père avait conférée, le 14 août 1373, à son cousin, Jean de Melun, seigneur de la Borde, sur ses terres de Courtry et de Blandy, moyennant la toute propriété de la terre de Courtry (4).

---

(1) *Extrait des registres de la chambre des comptes.* Bib. imp., cabinet des Titres, 1er carton de la maison de Melun, 15e cahier.
(2) Bib. imp., cab. des Tit., cart. de Melun, XIVe siècle, 15e cah.
(3) *Id., ib.*
(4) *Id., ib.* Voici l'extrait des archives du château de Nangis qui concerne cet acte :

« A tous ceux qui ces présentes lettres verront, Guillaume, vicomte de Melun, seigneur de Montreuil-Bellay et chambellan du roy, salut : Comme nostre cher Seigneur et père dont Dieu ait l'ame, eut baillé, assis et asseuré à nostre très cher et amé cousin messire Jehan de Melun, chevalier, seigneur de la Borde le vicomte dès le XIIIe jour du mois d'aoust l'an mil CCC LXXIII la

Enfin, le 8 mars 1387, Charles VI alloua au comte de Tancarville mille livres, dont la destination est ainsi fixée :

« Du huitième compte de Jean Chanteprime, général receveur des aydes de la guerre, du 1er août 1388 au dernier suivant.

« Dons faits par le roy.

« Monseigneur Guillaume de Melun, chambellan du roy, pour lui aider à édifier son chastel de Blandy, par mandement du 8 mars 1387, 1,000 liv., et pour bons services et voyages de guerre fait au pays d'Allemagne à l'encontre des ennemis et à ses dépens, pour estre continuellement auprès du roy, à la garde de son corps au dit voyage auquel il fut retenu avec plusieurs autres chambellans, par mandement du 24 mars 1388, 1,000 livres (1). »

Ainsi, ce fut le troisième comte de Tancarville, de la somme de dix-huit livres dix-neuf deniers parisis de rente annuelle et perpétuelle à prendre et percevoir par chacun an à toujours par nostre dit cousin et ce sur la terre, héritages et possessions à Courtry et à Blandy pour et en recompensation et asssiette de la somme de dix-huit livres dix-neuf deniers parisis de rente que mon dit cousin prenait par chacun an sur la vicomté de Melun nous appartenant et C..... savoir faisons que pour ce nous avons voulu et consenty, voulons et consentons par ces présentes que notre dit cousin ait, tiegne et possède à toujours pour ly, pour ses hoirs et ses aians cause la ditte terre de Courtry ainsy à ly baillée et transportée dès lors par notre mon dit seigneur et père, pour la ditte recompensation de la dite rente sur la dite vicomté et C..... En tesmoin de ce nous avons scellé ces lettres de nostre propre seel. Donné en notre chastel de Blandy le IIIe jour d'aoust l'an mil CCC LXXXVI.

(1) Bib. imp., cabinet des Titres, 1er cart. de la maison de Melun, 15e cah.

maison de Melun, qui termina les fortifications du château dont la construction avait été commencée seize ans auparavant.

Sceau de Guillaume IV (1).

Ce seigneur épousa, le 21 janvier 1390, Jeanne de Parthenay, et habita souvent Blandy lorsqu'il n'était pas à la guerre ou à la cour. Il fonda une seconde chapelle en l'honneur de la Vierge, par un acte du 24 mars 1395 (2), et fit à cette occasion des dons considérables pour le temps, qu'il augmenta encore par ses lettres du 16 juillet 1410 (3), au moyen desquelles il déchargea sa terre de Champigny de la redevance due aux chapelains, et il leur céda cent quatorze arpents de terres labourables et neuf arpents de bois.

(1) **Sceau de Guillaume IV, vicomte de Melun, comte de Tancarville.** L'écu porte les besants de la maison de Melun et les angemmes d'or de Tancarville. Ce sceau est tiré de la Bib. imp., cabinet des Titres, n. XII.
(2 et 3) V. aux pièces justificatives, n. XII.

On trouve cette mention dans un pouillé du dix-septième siècle : « Les deux chapelles de Notre-Dame, fondées au château de Blandy par Adam, vicomte de Melun, quelques années avant son décès, qui arriva en 1304, et par Guillaume, aussi vicomte de Melun, qui les dota de nouveau en 1395, en approuvant la première fondation, suivant un mémoire qui est aux archives de l'archevêché, *en l'armoire des chapelles,* sont en la présentation du seigneur dudit château, comme il se voit dans les années 1410, 1446, 1455, 1456; l'archevêque en donna une *jure devoluto* en 1676 (1). »

Les guerres qui ravageaient alors la France avaient mis fin au marché et à la foire de Blandy. « Pour le fait des guerres et mortalités qui depuis ont été par tout notre royaume, nommément environ ladite ville de Blandy, porte l'ordonnance du mois d'octobre 1392, par laquelle, à la demande du comte de Tancarville, le roi Charles VI rétablit ces foire et marché, le peuple et les marchands avoient délaissé de fréquenter icelles foire et marché, tellement qu'ils en étoient a soin du tout, etc (2). »

Le malheureux Charles VI ayant été frappé de démence, la reine Isabelle de Bavière, après l'assassinat du duc d'Orléans, rassembla au Louvre, le 5 septembre 1408, un conseil où ne figuraient que les princes du sang et les grands officiers qui s'étaient déclarés pour elle. Le comte de Tancarville fit partie de ce conseil, et la reine en reçut la présidence. Le roi, ayant recouvré une lueur de raison, convoqua, à la suggestion du duc de Bourgogne, pour les fêtes de Noël 1409, une assemblée des États ou plutôt de

(1) Archives du département de l'Yonne.
(2) V. aux pièces justificatives n. XIII.

la noblesse. Il présida cette assemblée, le 27 décembre, dans la grande salle du Parlement, et il chargea le comte de Tancarville de communiquer ses intentions aux seigneurs qui composaient cette assemblée. C'était, dit Monstrelet, « un homme de belle et notable faconde (1); » il remplit avec dignité la mission qui lui était confiée.

Dans les cruelles circonstances où le royaume se trouvait alors, le comte de Tancarville fut encore chargé d'un pénible devoir lorsqu'en 1415 il fut envoyé en Angleterre par le duc de Berry, avec l'archevêque de Bourges, l'évêque de Lisieux et le comte de Vendôme, pour porter à Henri V les réponses du conseil à ses arrogantes propositions. On donna un grand apparat à cette mission, et les seigneurs que nous venons de nommer furent accompagnés de douze ambassadeurs et d'un cortége de cinq cent quatre-vingt-douze personnes.

Cette mission n'obtint pas le résultat qu'on en attendait. Henri V opéra une descente en Normandie. Le 25 octobre de cette même année 1415 eut lieu la fatale bataille d'Azincourt, dans laquelle périt le comte de Tancarville avec l'élite de la noblesse française.

Le corps de ce seigneur fut transporté à l'abbaye du Jard, qui était le Saint-Denis de la maison de Melun, et y fut inhumé. Rouillard dépeint ainsi cette sépulture, dont il ne reste plus trace aujourd'hui : « Seigneurs et dames, de l'un et de l'autre sexe, ils y sont enterrez en grand nombre, soubs de belles sépultures de marbre blanc ou noir, enrichies d'excellentes gravures et aultres artifices : notamment celle de messire Guillaume de Melun, relevée de hault en voustres et arcades, avec les figures de ses

---

(1) Collect. Buchon. — Monstrelet, t. II, p. 116.

gestes et formes de ses obsèques, gravées dans le marbre est des plus magnifiques (1). »

Le dernier comte de Tancarville de la maison de Melun avait été, comme son père, l'un des plus grands chasseurs de son temps.

(1) *Hist. de Melun,* p. 383.

V.

MAISON DE HARCOURT.

Guillaume IV ne laissa qu'une fille, Marguerite, vicomtesse de Melun, comtesse de Tancarville, baronne de Warenguebec, dame de Montreuil-Bellay, d'Estrépagny, de Blandy, de Château-Renaud, etc. Elle épousa, en 1417, Jacques II de Harcourt, baron de Montgommery. « En ce temps, dit Monstrelet, messire Jacques de Harcourt épousa la seule fille du Seigneur de Tancarville, duquel avec toutes les seigneuries il eut le gouvernement, et mit garnison de ses gens en toutes ses villes et forteresses contre les Anglois (1). » Mais néanmoins ces diverses places ne tardèrent pas à être prises par Henri V.

Un chroniqueur contemporain, Pierre de Fenin, prétend que c'est en raison de ces confiscations, qui le privaient des biens de sa femme, que Jacques de Harcourt se rangea du parti du dauphin, depuis Charles VII (2).

Nous voyons dans le même chroniqueur que, lorsque

(1) Ed. Buchon, t. IV. p. 67.
(2) *Mémoires de Pierre de Fenin*, éd. de Mlle Dupont, publiée

Henri V et Philippe le Bon, duc de Bourgogne, vinrent faire le siége de Melun, en 1420, traînant à leur suite le malheureux Charles VI, le duc Philippe logea dans la forteresse de Blandy (1). Nous ignorons si ce fut à la suite d'un siége, ou si ceux qui la défendaient s'étaient rendus volontairement. Quoi qu'il en soit, la terre de Blandy fut, en 1422, donnée par le roi d'Angleterre à Jean de Courcelles, seigneur de Saint-Liébaut, son conseiller (2).

Pendant que ces événements se passaient, Jacques de Harcourt était retranché dans la place du Crotoy, en Picardie, fidèle au parti du dauphin et à sa haine pour les Anglais, qu'il harcelait sans cesse. Tout le pays ayant été soumis, en 1422, au roi d'Angleterre, le Crotoy seul res-

sous les auspices de la Société de l'histoire de France. Paris, 1837, in-8°, p. 152.

(1) Mêmes Mémoires, p. 142.

(2) Cabinet des Titres, 1er carton de la maison de Melun. — Ce Jean de Courcelles était l'un des seigneurs qui prirent part à l'expédition du duc de Bourgogne Jean sans Peur contre les Liégeois, en 1408. (Chron. du religieux de Saint-Denis, éd. de M. Bellaguet, t. IV, p. 153.) Il fut désigné dans la lettre adressée, au commencement de 1411, par le duc d'Orléans au roi Charles VI, comme l'un des traîtres qui entouraient ce malheureux monarque et dont il demandait l'éloignement. (Monstrelet, collect. Buchon, t. XXVII, p. 189.) Il fut de ceux qui s'enfuirent de Paris à la suite de la sédition contre les Bourguignons au mois d'août 1413. (Chron. de Saint-Denis, t. V, p. 145.) Enfin, Henri V le cite comme un de ceux qui prirent la plus grande part au siége de Melun, en 1420, (Rymer, t. X, p. 29); et de 1426 à 1428 nous le voyons figurer à diverses reprises en sa qualité de conseiller du roi Henri VI, dans le *Compte d'Andry d'Ésparnon, trésorier des guerres de Henri VI, roi d'Angleterre et de France*. (Manuscrit 9436 3ª de la Bibliothèque impériale, f° 41 *verso*, 66 *recto*, 67 *verso*, 209 *recto* et 122 *verso*.)

tait encore français. En vain envoya-t-on au brave commandant de cette place son frère l'évêque d'Amiens et l'évêque de Beauvais; il ne voulut pas se rendre. Mais enfin, la ville ayant été serrée de plus près, par terre et par mer, au mois de juin 1423, Jacques de Harcourt fut obligé de l'abandonner. Il se dirigea vers le Poitou, et il y trouva la mort, comme il tentait de faire prisonnier le seigneur de Parthenay, oncle de sa femme.

Cette scène peint bien les mœurs de cette triste époque. Nous en empruntons le récit à Pierre de Fenin.

« Quand messire Jaques eut mis le Crotoy en composition, et qu'il eut baillé hostages de le rendre au jour, comme dit est, il laissa ses gens dedens, et s'en alla pour aller quérir secours devers le Roy Charles, comme il donnoit à entendre à ses gens. Mais il fist tout le contraire, car il s'en alla voier le seigneur de Partenay (1) son bel-oncle; car messire Jaques avoit espousé la nièche du seigneur de Partenay et son droit hoir. Et le seigneur de Partenay luy fist grant chière et grant honneur. Quant messire Jaques eut esté à l'ostel du seigneur de Partenay, il avisa qu'il y avoit une puissante forteresse, et quelle lui seroit bonne s'il en pouvoit finer. Lors il se pensa qu'il feroit tant quil l'airoit; et print conclusion avec aucuns de ses gens de prendre le seigneur de Partenay, de par le roy Charles, et luy oster sa maison. Après ce que messire Jaques de Harecourt eut prins ceste conclusion, il se pourvei de gens et revint à Partenay voier son oncle, le quel luy fist ancoire grant chière, comme il avoit fait devant. Mais le seigneur de Partenay avoit esté averti par aucuns de ses gens du malvais tour

(1) Jean l'Archevesque, sire de Parthenay, cousin de Jacques d'Harcourt et grand-oncle de sa femme.

que messire Jaques lui vouloit faire, et pour ce pourvei de gens pour résister à l'encontre, et les mist en lieu secret dedens son chastel. Quant messire Jaques fut venu, et quil eut fait grant chière avecquez son oncle, et disné ensemble, il avoit plusieurs de ses gens avec luy, et luy sembla quil estoit temps de besongnier. Adonc il mist la main au seigneur de Partenay et lui dist : « Bel oncle, je vous fais prisonnier du Roy. » Lors le seigneur de Partenay lui dist : « Biau nepveu, gardés que vous faites. » Et messire Jaques dist quil falloit quil fust ainsy. A ceste parolle s'avanchèrent les gens de messire Jaques pour aidier prendre le seigneur de Partenay et aucuns de ses gouverneurs; mais il y eut ung des gens au seigneur de Partenay qui sonna une petite cloque, comme ils avoient devisé par avant, pour faire saillir les gens du seigneur de Partenay quant il seroit heure. Car se messire Jaques n'eust fait le premier entreprinse sur le seigneur de Partenay de le prendre, il ne luy eust riens meffait, combien quil s'estoit garni comme saige. Quant les gens du seigneur de Partenay oïrent la cloque, ilz sceurent bien que le seigneur avoit à besoingnier, et prestement saillirent tous armés sur messire Jaques et sur ses gens, et finablement les tuèrent tous. Et avec fut tué messire Jaques de Harecourt, combien que le seigneur de Partenay luy cuida sauver la vie, mais il ne luy peut sauvoir. Ainsy fina messire Jaque de Harecourt sa vie, donc il fut peu plaint pour le malvais tour qu'il veulloit faire au seigneur de Partenay (1). »

Dans cette occasion, Jacques de Harcourt avait man-

---

(1) *Mém. de Pierre de Fenin*, éd. de Mlle Dupont, p. 206 et suiv.

qué à sa devise : *gesta verbis prævenient*, — « les coups avant les paroles, » — puisqu'il avait employé la ruse au lieu de la force ouverte. Ce n'était pas au surplus la première fois qu'il avait agi de la même manière ; car il avait fait usage d'un semblable stratagème lorsqu'en 1418 il avait fait prisonnier Jean VII comte de Harcourt, son cousin germain (1).

Nous verrons, cent quarante-quatre ans plus tard, une scène de même nature, quoique avec une issue moins funeste, se passer dans le vieux château de Blandy.

Guillaume de Harcourt, fils de celui dont nous venons de raconter la triste fin, eut, du chef de sa mère, le comté de Tancarville, la vicomté de Melun et la seigneurie de Blandy. Il ne rentra dans la possession de cette vicomté et de ses dépendances qu'après 1435, époque où les Anglais eurent été définitivement chassés de Melun et de cette partie du royaume, et bien certainement avant 1444 ; car nous voyons qu'il fit hommage au roi, le 7 juin de cette année, de la vicomté de Melun et du château de Blandy, qu'il possédait en sa qualité d'héritier de défunte Marguerite de Melun, sa mère (2). Quant au comté de Tancarville, il n'en reprit la jouissance qu'en 1449, après l'évacuation de la Normandie par ces mêmes Anglais (3).

Guillaume de Harcourt s'était signalé au siége de Montereau, en 1437, à la suite duquel il fut fait chevalier (4),

---

(1) Monstrelet, éd. Buchon t. IV, p. 84. — Pierre de Fenin, éd. de Mlle Dupont, p. 101.

(2) Bib. imp. départ. des Mss, cabinet des Titres, carton de la maison de Melun.

(3) Deville, *Histoire des sires de Tancarville*, p. 203.

(4) Monstrelet, ed. Buchon, t. VI, p. 347.

puis devint grand-maître de France et souverain réformateur des eaux et forêts. Veuf en premières noces de Perronnelle d'Amboise, il épousa, en 1454, Iolande de Laval et de Montfor, dame de Camor (1). Il mourut le 27 octobre 1484, ne laissant qu'une fille, née de son second mariage (2), et qui se nomma Jeanne, comtesse de Tancarville.

Sceau de Guillaume de Harcourt (3).

Cette fille avait épousé, en 1471, René, duc de Lorraine, roi titulaire de Sicile. Belleforest rapporte que ce

(1) De la Roque, *Histoire généalogique de la maison de Harcourt*, t. I, p. 673.
(2) Il avait eu une fille aînée, Marguerite, qui avait épousé René d'Alençon, comte de Saint-Paul, mais qui était prédécédée sans enfants.
(3) Ce sceau de Guillaume de Harcourt, comte de Tancarville, vicomte de Melun, append à un acte du 22 juin 1477. Bib. imp. Mss.

prince la répudia parce qu'elle était petite, bossue, contrefaite, et telle que les médecins l'avaient jugée inhabile à jamais avoir d'enfants. Elle n'en eut pas en effet. Elle hérita, à la mort de son père et de sa mère, de tous leurs biens, parmi lesquels se trouvait la terre de Blandy. Mais elle n'en jouit pas longtemps; car elle décéda le 8 novembre 1488, après avoir fait son testament, par lequel elle confirmait les dispositions prises par son père et sa mère (1).

Contre-scel de Guillaume de Harcourt.

(1) De la Roque, t. IV, p. 1726.

VI.

MAISON D'ORLÉANS-LONGUEVILLE.

Armes des d'Orléans-Longueville (1).

François Ier d'Orléans, comte de Dunois et de Longueville, était fils de Jean, bâtard d'Orléans, connu dans l'histoire sous le nom de « Dunois, » lequel avait épousé Marie de Harcourt, sœur de Guillaume de Harcourt, dont il a été question dans le chapitre précédent.

(1) D'Orléans au bâton d'argent peri en bande.

Ainsi François Ier d'Orléans et sa sœur Catherine, femme du comte de Roucy, avaient pour cousine germaine la reine de Sicile, décédée en 1488 ; ils en héritèrent en vertu du testament dont nous venons de parler, par lequel elle laissait à Guy de Laval, son oncle maternel, les biens provenant de ce côté, et les propres paternels à son cousin et à sa cousine François et Catherine d'Orléans. Ce fut de cette manière que la vicomté de Melun et la seigneurie de Blandy, avec une partie du comté de Tancarville, tombèrent dans la maison de Longueville (1). C'est donc à tort que plusieurs écrivains ont pensé que cette partie de l'héritage de Jacques de Harcourt et de Marguerite de Melun était échue à leur fille Marie, épouse du bâtard d'Orléans, et que, du chef de sa femme, ce dernier avait été seigneur de Blandy (2).

Nous avons établi, avec certitude, comment la terre de Blandy arriva successivement de la maison de Melun dans celle de Harcourt, et de celle-ci dans la maison d'Orléans-Longueville. Nous devons ajouter qu'il semblerait résulter d'un passage du P. Anselme qu'à la mort de Jeanne de Harcourt cette terre, ainsi que la vicomté de Melun, aurait été partagée en deux parties, dont l'une serait échue à François Ier d'Orléans, comte de Dunois, et dont l'autre aurait été dévolue à sa sœur Catherine d'Orléans. On y lit, en effet, que Jean de Sarre-

---

(1) De Sainte-Marthe, *Hist. gén. de la maison de France*, t. I, p. 708. — De la Roque, *Hist. gén. de la maison de Harcourt*, t. I, p. 694.

(2) Dulaure, *Hist. des environs de Paris*, t. VI. — Michelin, *Essai hist. sur le départ. de Seine-et-Marne*, p. 419. — L'abbé Delaforge, *Notice hist. sur Blandy*, p. 7.

bruck, comte de Roucy, qui avait épousé cette princesse le 16 mars 1468, fit, au nom de sa femme, hommage au roi, le 15 décembre 1488, de la portion de la vicomté de Melun et de la terre de Blandy qui lui était échue par le décès de Jeanne de Harcourt (1). Mais le P. Anselme emprunte évidemment ce fait à l'*Histoire généalogique de la maison de Harcourt*, par de la Roque. Or, en nous reportant à ce dernier ouvrage, nous ne voyons pas qu'il soit parlé (2), lorsqu'il y est question de la part de la succession de Jeanne de Harcourt échue à sa cousine Catherine d'Orléans, femme du comte de Roucy, d'une portion de la vicomté de Melun et de la terre de Blandy, mais de la moitié du comté de Tancarville et d'autres terres situées en Normandie, parmi lesquelles figure la seigneurie de Blangy en Auge. C'est la ressemblance de nom qui aura probablement fait la confusion.

Il y a encore un autre fait indiqué par le P. Anselme qui, s'il n'était éclairci, pourrait jeter de l'obscurité sur la série véritable des seigneurs de Blandy.

Cet auteur parle (3), d'après du Bouchet (4), d'une Marguerite de Boucart, qui épousa, le 12 août 1457, Jean de Courtenay, seigneur de Bleneau, et lui apporta en dot « la seigneurie de Blandy. » Mais lorsqu'on remonte à l'*Histoire de la maison royale de Courtenay*, d'où ce fait est tiré, on voit qu'il ne s'agit pas de Blandy en Brie, mais d'une autre terre de Blandy, existant alors

---

(1) T. VIII, p. 535.
(2) T. I, p. 694. Voir, au surplus, l'acte même de foi et hommage dont il est ici question, dans de la Roque, t. IV, p. 1724.
(3) T. I, p. 493.
(4) *Hist. gén. de la maison de Courtenay*.

dans la paroisse de Saint-Martin des Champs, entre Bleneau et Saint-Fargeau (1).

La terre de Blandy a donc, incontestablement et sans dérivation, passé de Jacques II de Harcourt, qui l'avait reçue, en 1417, de sa femme Marguerite de Melun, à Guillaume de Harcourt, de celui-ci à sa fille Jeanne de Harcourt, au décès de qui elle passa, en 1488, à François Ier d'Orléans, comte de Dunois et de Longueville.

Ce prince était né en 1447, et avait épousé, en 1466, Agnès de Savoie, fille de Louis duc de Savoie, laquelle lui avait apporté quarante mille écus de dot (2).

Il eut une vie très-agitée et embrassa le parti du duc d'Orléans, depuis Louis XII, lorsqu'il prit les armes, pendant la minorité de Charles VIII, contre le gouvernement de la dame de Beaujeu.

Le duc d'Orléans et le comte de Dunois se retirèrent en Bretagne. Ce comte fut l'âme d'une ligue formée contre la France et dont faisaient partie, outre le duc de Bretagne, Maximilien, fils de l'empereur Frédéric III, qui venait d'être élu (16 février 1486) à Francfort roi des Romains, Madeleine de France, sœur de Louis XI, agissant pour le roi et la reine de Navarre, les ducs d'Orléans et de Bourbon, le prince d'Orange, le duc de Lorraine, les seigneurs de Foix, de Comminges et d'Albret, etc. Cette ligue avait pour but d'empêcher la réunion de la Bretagne à la couronne.

La dame de Beaujeu fit tenir par le jeune roi Charles VIII, son frère, un lit de justice au parlement de Paris,

---

(1) *Hist. de la maison de Courtenay. Preuves*, p. 174.

(2) Arch. de M. le duc de Luynes, comté de Dunois; liasse première.

et elle y avait fait ajourner les princes qu'elle nommait rebelles, pour qu'ils eussent à comparaître au premier jour plaidoyable après la Saint-Martin d'hiver (1488). Ils n'y comparurent pas, et la cour donna défaut contre eux. On les assigna de nouveau pour le 14 avril, mais ce ne fut que le 23 mai, après quatre défauts, que Dunois fut déclaré criminel de lèse-majesté et ses biens confisqués.

Ce fut en ces circonstances que le comte Dunois hérita de Jeanne de Harcourt.

Les biens provenant de cet héritage furent compris dans la confiscation, et le roi envoya un capitaine pour commander le château de Blandy.

Mais un traité de paix conclu à Francfort, au mois de mai 1489, vint mettre un terme à cette guerre. Un article de ce traité rendit à Dunois et aux autres princes la jouissance de leurs biens. En conséquence, Charles VIII adressa le mandement suivant au capitaine qu'il avait envoyé à Blandy :

« Charles, par la grace de Dieu roy de France, au cappitaine ou commis de par nous à la garde du chastel de Blandy, ou à son lieutenant, salut. Comme nous ayons cejourduy par noz autres lettres en faveur et pour cause du traicté de paix fait, juré et accordé entre très hault et très puissant prince, notre très cher et très amé frère et beau père le roy des Romains (1), et notre très

---

(1) Charles VIII avait été fiancé le 23 juin 1583 à Marguerite d'Autriche, fille de Maximilien, roi des Romains. Cette princesse vivait à la cour, et portait le titre de reine de France ; elle n'avait que onze ans. Mais ce mariage ne fut pas réalisé, et Charles VIII, en épousant la duchesse Anne de Bretagne, assura la réunion de cette province à la France.

cher et très amé frère et cousin l'archiduc d'Autriche, son filz, d'une part, et nous d'autre, lequel traicté a esté accepté par notre très chère et amée cousine Anne, fille aisnée de feu notre cousin le duc de Bretaigne, pour elle et ceulx de son parti, nous ayons restitué notre cher et amé oncle et cousin le comte de Dunoys, en toutes et chacunes ses villes, places, chasteaulx, terres, seigneuries, possessions et biens dont il joyssoit par avant les différends, et en ceulx qui depuis lui sont advenuz et escheuz, et lui en avons levé notre main mise et autres empeschements à pur et à plain, pour ce est-il que nous vous mandons que le dist chastel de Blandy à lui appartenant, et dont vous avons baillé la charge, garde et gouvernement durant son absence et les dites guerres et différends, vous baillez et delivrez incontinent et sans delay à notre dit oncle et cousin, ou à ses gens et officiers pour lui, sans y faire aucune difficulté, et de la garde et charge d'iceulx ensemble du serrement que vous ou autres nous en avez fait et baillé, vous avons quicté et deschargé, quictons et deschargeons par ces présentes signées de notre main.

« Donné à Amboise le deuxième jour de décembre, l'an de grace mil cccc quatre vings et neuf, et de notre règne le septiesme.

« *Signé* : CHARLES.

« Par le Roy, monseigneur le duc de Bourbon, les contes de Bresse et de Vendosme, vous (1), le marquis de Rothelin, les sires d'Esquerdes, de Baudricourt, du Bochaige, de l'Isle et de Grimault, et autres presens.

« *Signé* : PRIMAUDAY (2). »

(1) Le chancelier.
(2) Archives de M. le duc de Luynes, comté de Dunois, liasse

Le comte de Dunois, qui fut le principal auteur du mariage de Charles VIII avec la duchesse Anne, devint gouverneur de Normandie et du Dauphiné, et fut grand chambellan de France. Il mourut le 25 novembre 1491, n'ayant joui, en raison de la confiscation dont nous avons parlé, que pendant deux années du riche héritage que lui avait laissé Jeanne de Harcourt.

Son fils aîné, François II d'Orléans, comte de Dunois, lui succéda. Mais, comme il était encore mineur, ainsi que son frère Louis Ier d'Orléans, ils furent placés sous la garde-noble d'Agnès de Savoie, leur mère. Aux termes de la coutume de Melun (1), la veuve « avait les biens. » Agnès devint ainsi dame de Blandy, titre qu'elle conserva lorsque François II d'Orléans eut été émancipé, par lettres du 20 janvier 1501, n'étant âgé que de dix-neuf à vingt ans, parce qu'elle avait eu Blandy en son douaire (2). Il existe en effet, aux Archives de l'empire, un terrier de

première, pièce LXIII. — On peut voir aussi l'acte d'abolition générale, dans les *Ord. des rois de France*, t. XX, p. 203.

(1) Art. 87 de l'ancienne coutume, alors en vigueur.

(2) L'ancienne coutume de Melun, contemporaine de ces événements, renfermait cette définition naïve du *douaire*: « Par la coustume dudit bailliage sitost que ung homme espouse une femme et qu'ils ont couché ou lict ensemble, posé quelle soit demourée pucelle, a acquis douaire qui par la dicte coustume est de moitié de tout ce que le mary possède au jour des espousailles et aussi de toutes les eschouestes qui luy peuvent advenir par succession durant le dict mariage, sinon que par le traicté fait et passé entre les dictes parties à l'accord du dict mariage ayt esté constitué douaire préfix à la dicte femme, le quel douaire icelle femme aura et prendra se bon luy semble, sans se tenir au douaire coustumier, pour ce quelle a le choix par la dicte coustume. » (Art. 81.)

Blandy, dressé en 1508, « devant Jehan Ferrier, notaire à Melun, fait à la requête de très haute et puissante dame, madame la comtesse de Dunoys, DAME DE BLANDY, Saint Germain de Laxit et de la vicomté de Melun (1). »

La comtesse de Dunois mourut le 15 mars de la même année 1508.

Deux ans auparavant, en 1506, Thibaut Baillet, président, et Guillaume de Besançon, conseiller au parlement, avaient procédé à la rédaction de la coutume de Melun. Tous les membres du clergé, de la noblesse et les représentants du tiers état ne furent pas appelés à cette rédaction. Nous ignorons par quelle circonstance la comtesse de Dunois, dame de Blandy, le curé et les habitants de cette paroisse ne figurent pas au nombre de ceux qui prirent part à cette opération. La coutume fut imprimée en cette même année sous ce titre :

Les Coustumes generalles gardees et observees au bailliage de Meleun et nouuellement publiées au dict Meleun par messeigneurs les commissaires ad ce commis et ordonnez de par le Roy nostre sire et sa court de parlement.

On les vend à Paris en la grant salle du palays au premier pilier par Charles Langelier. (in-12).

Au décès de sa mère, François II d'Orléans rentra

---

(1) Section administrative. Q. 1402. — Les habitants de Blandy qui comparurent pour la rédaction de ce terrier furent les Boutillier, les Gallé, les Deviercy, laboureurs, les de Pouches, meuniers, etc.

dans l'entière possession de la terre de Blandy. Ce jeune prince avait embrassé la carrière des armes. A peine âgé de quinze ans, il avait suivi Charles VIII dans la conquête du royaume de Naples (1495). La comtesse de Dunois, sa mère, l'accompagna dans cette campagne. En 1502, il était avec le roi Louis XII en Italie, et la terre de Longueville fut érigée pour lui en duché au mois de mai 1505. Il accompagna de nouveau Louis XII, en 1507, dans ses campagnes contre les Génois et les Vénitiens, et commanda l'arrière-garde à la bataille d'Aignadel, en 1512. Il décéda le 12 avril de cette même année.

Le duc de Longueville avait épousé, le 6 avril 1505, Françoise d'Alençon, dont il eut deux enfants. L'aîné mourut en bas âge; le duc eut dès lors pour unique héritière sa fille, Renée d'Orléans, qui resta sous la garde de Françoise d'Alençon, sa mère, jusqu'au second mariage de celle-ci avec Charles, comte de Vendôme.

On destina à Renée, en mariage, son cousin germain Claude d'Orléans, fils de Louis Ier d'Orléans, quoiqu'elle n'eût guère que cinq ans, et lui à peu près le même âge (1). On avait obtenu les dispenses nécessaires. Mais ce mariage ne se fit pas, et Renée d'Orléans, qui était dame de Blandy depuis 1512, mourut le 23 mai 1515, en l'hôtel abbatial de Sainte-Geneviève à Paris, n'étant âgée que de sept ans. Elle fut enterrée aux Célestins, dans la chapelle dite d'Orléans. Son tombeau, placé au moment de la révolution au musée des Petits-Augustins, a été transporté depuis à Saint-Denis (2).

(1) Le P. Anselme, t. I, p. 218, le fait naître vers 1508.
(2) C'est une petite statue couchée sur une tombe de marbre noir. Voici l'épitaphe qui y est gravée :
« Ci gist très-excellente et noble damoiselle RENÉE D'ORLÉANS,

Ce fut Louis Ier d'Orléans, oncle de Renée, qui devint l'héritier de la maison de Longueville, et fut seigneur de Blandy.

Avant la mort de son frère aîné, ayant épousé Jeanne de Hochberg, marquise de Rothelin en Brisgaw, et comtesse de Neufchâtel en Suisse, ce prince avait pris l'un des titres de sa femme, et était connu sous le nom de marquis de Rothelin. Il devint aussi grand chambellan de France et gouverneur de Provence. En 1513, il se trouva à la journée des Éperons, où les Anglais et les Impériaux défirent l'armée française. Il y eut une panique, et les Français s'enfuirent en désordre. Le duc de Longueville et la Palisse firent de courageux efforts pour arrêter cette déroute, et criaient à ceux qui fuyaient : « Tournez, hommes d'armes! Tournez!.... » Mais ce fut en vain, et l'exemple de l'intrépidité de Bayard ne fut pas plus heureux. Tous trois, succombant sous le nombre, furent faits prisonniers. A cette affaire, dit Brantôme, M. de Longueville « ne se servit guieres des siens pour fuir, « comme d'autres, mais pour ralier ses gens fuyans et « bien combattre, ainsy qu'il fut pris les armes au poingt, « en brave seigneur et chevalier (1). »

en son vivant comtesse de Dunois, de Tancarville, de Montgommery, dame de Montreubellay, de Chasteau-Regnault: fille unique délaissée de très-excellent et puissant prince et princesse François, en son vivant duc de Longueville, comte et seigneur desdits comtés, et seigneur connestable héredital de Normandie, et lieutenant général et gouverneur pour le roi en ses pays de Guyenne, et de Madame Françoise d'Alençon, son épouse, père et mère de la dite damoiselle : la quelle trespassa en l'aage de 7 ans, au lieu de Paris, le 23 de may, l'an 1515.

(1) Discours XXIIIe, M. de Longueville. *Œuvres complètes de Brantôme*, t. II, p. 110 de l'éd. de 1822.

Le duc de Longueville fut conduit à Londres, et on demanda cent mille écus pour sa rançon. Il dut, pour payer cette somme, engager beaucoup de terres et de biens. Mais il mit à profit sa captivité pour négocier le mariage de Louis XII, devenu veuf d'Anne de Bretagne, avec la princesse Marie, sœur du roi d'Angleterre Henri VIII, mariage qui eut lieu en effet en 1515. On sait que Louis XII mourut deux mois et demi après.

Louis Ier d'Orléans, duc de Longueville, assista à la bataille de Marignan, dans cette même année 1515, et mourut le 1er août 1516, à Beaugency, laissant trois enfants qui furent placés, pendant leur minorité, sous la garde-noble de Jeanne de Hochberg, leur mère.

L'année même de la mort de son mari, cette princesse eut à soutenir un procès devant le prévôt de Paris, contre les moines de Saint-Martin des Champs, qui se prétendaient seigneurs d'un fief situé à Blandy, dépendant de leur terre, justice et seigneurie de Limoges en Brie (1), et qui réclamaient de divers habitants du pays, possédant des terres dans l'étendue de ce fief, sous la garantie de « haulte et puissante dame Jehanne de Hochetz, vefve de feu monseigneur Loys, duc de Longueville, tant en son nom que comme ayant le bail, garde-noble, gouvernement et administration des enffans myneurs d'aans du dit deffunt et d'elle, » le cens consistant en trois boisseaux de blé par arpent, qu'ils avaient droit de percevoir, de ces habitants, chaque année « au jour et feste mon-

---

(1) Limoges était une paroisse, avec Fourches, son annexe, du doyenné du vieux Corbeil. Il fait partie aujourd'hui du canton de Brie-Comte-Robert. Cette seigneurie avait été donnée au monastère de Saint-Martin des Champs, en 1133, par Étienne de Senlis, évêque de Paris.

seigneur sainct Andry, » avec six années d'arrérages échus antérieurement, et amendes de sept sous parisis que leur attribuait la coutume de Melun. Ce cens était dû sur les terres du climat appelé encore aujourd'hui « les moissons de Limoges. » Les moines établissaient, dans leur requête, que, « à cause de l'ancienne fondation, dotacion et augmentacion de leur église et prieuré, qui est de fondation royal, ilz ont plusieurs beaulx droictz, prérogatives et prééminences comme dismes, cens, rentes et aultres telz revenuz en plusieurs et divers lieux, » et notamment ceux qu'ils réclamaient à Blandy. La duchesse de Longueville répondait que les moines de Saint-Martin des Champs n'avaient aucun fief situé à Blandy qui leur attribuât les droits qu'ils réclamaient (1).

Nous ignorons comment ce débat se termina. Il donna lieu à plusieurs incidents, notamment à des lettres royaux obtenues par la duchesse de Longueville le 17 avril 1518, et il durait encore en 1523 (2). Mais, avant d'entamer ce procès, les moines avaient, le 20 juin 1515, loué à Jean de Viercy, laboureur à Blandy :

« Les dismes et champarts de tous grains venans et croissans en la paroisse du dit Blandy et le petit Moisenay, ensemble toutes les censives et droits seigneuriaulz qui en sont et pourront estre deubz ès dits lieux aux dits religieux, prieur et couvent, » et ce moyennant une redevance annuelle de dix-huit setiers de grain, dont douze de blé froment et six d'avoine, rendus à domicile (3).

On trouve encore trace, en 1572, des droits que le

---

(1) Archives de l'empire, section domaniale, S. 1344.
(2) Même dossier.
(3) Même dossier.

prieur de Saint-Martin des Champs avait à Blandy. Enfin le même prieur avait droit à la redevance d'un setier de blé métcil et de deux sous parisis, à prendre sur le moulin de Souflet, qui appartenait au seigneur. Il avait aussi une rente et un cens dus sur le moulin de l'Éguillon, ainsi que cela résulte d'une sentence du bailli de Blandy, de 1533.

Depuis Guillaume IV, comte de Tancarville, jusqu'à Louis Ier d'Orléans, nous ne savons pas si les seigneurs de Blandy habitèrent le château qu'ils possédaient dans ce bourg. Nous ignorons donc si Guillaume de Harcourt, si Jeanne, sa fille, François Ier et François II d'Orléans-Longueville, encore moins si la jeune Renée résidèrent dans la forteresse des vicomtes de Melun; mais, arrivé à Louis Ier, nous avons la preuve du séjour qu'il y fit avec Jeanne de Hochberg, sa femme.

Ainsi leurs trois enfants y naquirent. Nous voyons, en effet, dans une généalogie de la maison de Longueville qui se trouve à la Bibliothèque impériale (1), que Claude, leur fils aîné, vint au monde à Blandy vers 1508. Leur second fils, Louis II, y naquit également le 5 juin 1510 (2), et enfin leur troisième fils, François d'Orléans, qui prit le nom de marquis de Rothelin, y naquit également. Il est vrai que, pour ce dernier, le P. Anselme le fait naître à Châteaudun (3); mais c'est là une erreur qui nous est révélée par la mention suivante, que nous trouvons sur le registre coté B des actes de l'état civil de Blandy :

« Extrait des registres de baptesme de monseigneur le marquis de Rothelin.

---

(1) Bib. imp., cabinet des Titres, dossier de la maison de Longueville.
(2) le P. Anselme, t. I, p. 218.
(3) *Id., ib.*, p. 219.

« L'an mil cinq cens et treize, au mois de mars, fut baptisé Francois d'Orléans, sur les fons de l'église de Blandy en Briez, par l'abbé du Jard. »

Nous allons voir ces trois fils succéder, l'un après l'autre, à la vicomté de Melun et à la seigneurie de Blandy.

Claude, fils aîné, hérita du titre de duc de Longueville et de grand chambellan de France; mais il fut tué à la bataille de Pavie, le 9 novembre 1524, n'étant âgé que de dix-sept ans, et sans avoir été marié. Un historien de la maison de Longueville a dit, en parlant de cette mort prématurée : « Remarque nécessaire, que la plupart des comtes de Dunoys sont morts jeunes, portant les armes pour le service de la France (1). »

Ce fut Louis II d'Orléans, frère puîné de Claude, qui devint duc de Longueville, grand chambellan de France, vicomte de Melun et seigneur de Blandy. Ce jeune prince n'avait que quatorze ans, et était encore sous la garde-noble de Jeanne de Hochberg, sa mère, assistée de Jean d'Orléans, archevêque de Toulouse, son oncle.

Jean de Beaudreuil, président de la chambre des comptes de la maison de Longueville, lui disait, vers 1535, en lui présentant la généalogie de cette maison : « Le vicomté de Melun, duquel sont et dépendent les seigneuries de Blandy, Saint-Germain de Lacy et Villeneufve-le-Comte, est tenu en foy et hommage du Roy, à cause de sa châtellenie de Melun, qui est ancien domaine

---

(1) *Traité pour les comtes de Dunois, ducs de Longueville, aux nom et armes d'Orléans*, par Guillaume Foucquet, avocat à Châteaudun. — Ce précieux manuscrit sur vélin, composé de 1626 à 1628, a été acheté à la vente de Bure (n° 1661 du catalogue), par M. le duc d'Aumale; il contient onze portraits en miniature des princes de la maison d'Orléans Longueville.

de France ; les dits vicomté et seigneuries sont advenus et échus à vous, Monsieur, et à votre maison, de la succession de dame Jeanne (ou plutôt Marguerite) de Melun, mère de Madame Marie de Harcourt, votre bisaïeule, et se divisant par les coutumes du dit bailliage du dit Melun, à l'aîné mâle le chef lieu tel qu'il lui plaist choisir par préciput, avec la moitié de tous les héritages qui sont et dépendent du dit vicomté ; ès dits vicomté et seigneuries y a de belles collations et grande quantité de terres et fiefs, et porte le dit vicomte, en ses armes, un escu à sept besans d'or, au chef de même (1). »

Louise de Savoie, régente, érigea, en faveur de Louis II, duc de Longueville, le comté de Dunois en duché-pairie, par lettres données à Lyon, au mois de juillet 1525.

Louis II mourut en 1536. Il avait épousé, le 4 août 1534, Marie de Lorraine, fille aînée de Claude de Lorraine, duc de Guise, et d'Antoinette de Bourbon. Elle se remaria, en 1538, à Jacques V, roi d'Écosse.

Louis II, de son mariage avec Marie de Lorraine, avait eu un fils, François III d'Orléans, qui, étant né à Châteaudun le 30 octobre 1535, avait un an et demi lorsqu'il hérita, par la mort de son père, du duché de Longueville, et fut appelé à cette occasion « le petit duc. » Il demeura en la garde-noble de sa mère jusqu'au mariage de celle-ci avec le roi d'Écosse, et ce fut alors le duc de Guise qui prit l'administration de la personne et des biens de François d'Orléans, son petit-fils. Il profita de cette circonstance (2) pour se faire donner l'office de grand chambellan

(1) De la Roque, *Histoire de la maison de Harcourt*, t. III, page 733. — Godefroy, *Hist. de Charles VII*, p. 841.

(2) Mss de Guillaume Foucquet. — Le P. Anselme dit que François III fut grand chambellan, (t. I, p. 218.)

de France, qui jusqu'alors avait été comme héréditaire dans la famille de Dunois. François III mourut à Amiens, le 22 septembre 1551, âgé de seize ans et sans avoir été marié.

Mais après la mort de Louis II on avait fait partage de la succession paternelle entre le marquis de Rothelin et son neveu, François III, le petit duc de Longueville. On avait adjoint, en cette occasion, à Marie de Lorraine, pour veiller aux intérêts de son jeune fils et pupille, Marguerite, reine de Navarre, sœur du roi François Ier, les cardinaux du Bellay et de Châtillon et Robert de Lenoncourt, évêque de Châlons, pair de France (1).

En vertu de ce partage, qui eut lieu le 13 février 1536, le marquis de Rothelin eut la vicomté de Melun et la seigneurie de Blandy. Mais le 29 mars 1541 il vendit la vicomté de Melun à Guy Arbaleste, président à la chambre des comptes, père de madame Duplessis-Mornay.

La ville de Beaugency était aussi échue en partage au marquis de Rothelin. Les comtes de Dunois l'avaient possédée comme leur héritage propre, venu de l'acquisition qu'en avait faite le bâtard d'Orléans, chef de leur famille. Mais le procureur général en revendiqua la propriété au nom du Dauphin, depuis Henri II, comme duc d'Orléans et héritier du chef de la reine Claude, sa mère, de Charles duc d'Orléans. Un arrêt du parlement du mois de février 1543 ordonna cette restitution, mais à charge par le Dauphin de rendre le prix de la vente, sans dommages et intérêts.

« Pour les quels dommages et intérêts, dit Guillaume Foucquet, le dict Francoys (marquis de Rothelin) pou-

---

(1) De la Roque, *Hist. de la maison de Harcourt*, t. Ier, p. 735.

voit prétendre quelque recours contre ses cohéritiers, mesme contre le dict Francoys son neveu mineur.

« Mais Francoys mort pendant le vivant de son dict neveu, Jacqueline de Rohan, sa veufve, à laquelle il délaissa deux enfans en bas âge, Léonor et Françoise d'Orléans, n'eust le temps de penser à ce recours (1). »

Quant à la terre de Blandy, elle resta la propriété du marquis de Rothelin, qui avait épousé par contrat passé à Lyon, le 19 juillet 1536, Jacqueline de Rohan, petite-fille du maréchal de Gié, et fille de Charles de Rohan et de Jeanne de Saint-Severin, sa seconde femme. Ce mariage s'était fait sous les auspices de Marguerite de Navarre, qui portait un très-vif intérêt à la famille de Rohan, dont elle était l'alliée (2). Aussi le roi fit-il don à Jacqueline de Rohan de trois mille livres de rente, et François de Rohan, son frère, lui donna quarante mille livres pour son droit dans la succession paternelle (3).

Le marquis de Rothelin, après avoir servi dans les guerres que François Ier soutint contre l'Empereur, mourut le 25 octobre 1548. Trois enfants étaient nés de son mariage avec Jacqueline de Rohan. L'aîné, Léonor d'Orléans, hérita du nom de Longueville, en 1551, à la mort de son cousin François III d'Orléans, dont nous avons déjà parlé.

Lorsque la succession de François III fut ouverte, un procès s'éleva entre le duc de Nemours, comme représen-

(1) *Manuscrit* de Guillaume Foucquet.
(2) René Ier de Rohan, cousin germain de Jacqueline, avait épousé Isabelle d'Albret, fille de Jean d'Albret, roi de Navarre, et belle-sœur de Marguerite d'Angoulême.
(3) De la Roque, *Hist. gén. de la maison de Harcourt*, t. Ier, p. 736.

tant de Charlotte d'Orléans, sa mère, fille de Louis 1er, et la marquise de Rothelin, défendant les droits de ses enfants. Le duc de Nemours était appuyé par les Guise, alors tout-puissants; il s'agissait de la propriété du comté de Dunois.

La marquise avait pris possession de Châteaudun, et elle y était avec son fils et sa fille lorsque des émissaires du duc de Nemours vinrent les y faire prisonniers. Mais le roi Henri II, averti de cette voie de fait, envoya des commissaires qui mirent les prisonniers en liberté. Un arrêt du conseil fit un partage provisionnel de la succession, par lequel la marquise de Rothelin, au nom de ses enfants, fut laissée en possession du comté de Dunois. Ce ne fut qu'en 1620 qu'un arrêt définitif assura cette possession à la famille de Longueville (1).

Un fils que le marquis de Rothelin avait eu, avant son mariage, de Françoise de Blosset, vint aussi soutenir une prétention semblable. Ce fils, nommé François et qui porta le nom de marquis de Rothelin, allégua qu'un mariage avait eu lieu, en 1529, entre son père et mademoiselle de Blosset. Il invoqua plusieurs pièces à l'appui de ce prétendu mariage, et soutint qu'il était dès lors enfant légitime, et que c'était lui qui devait hériter des titres et de la fortune des Longueville. L'affaire fut portée au parlement, qui ordonna une enquête; mais le procès ne tarda pas à être évoqué au conseil par Charles IX, qui repoussa la demande de l'enfant naturel.

La même prétention fut renouvelée, au dix-huitième siècle, par la descendance du fils de la demoiselle de Blosset, après l'extinction de la véritable branche des Longueville. Cette fois, elle fut portée devant d'Hozier de

---

(1) *Manuscrit* de Guillaume Foucquet.

Sérigny, juge d'armes de la noblesse de France et généalogiste de la cour. Nous lisons ce passage dans l'un des documents de cette discussion sans contradicteur : « Personne n'ignore les troubles qui agitèrent le royaume sous les règnes de François II et de Charles IX, pendant la régence de Catherine de Médicis, et avec quelle dextérité cette princesse sut ménager les chefs des deux partis qui troubloient l'État au sujet de la religion. Ce fut dans ce temps malheureux que la reine de Navarre et sa cousine mademoiselle de Rohan, toutes deux calvinistes, obtinrent l'évocation du procès (1). » Puis d'Hozier donne gain de cause à la postérité de Françoise Blosset, dont le descendant le plus connu est cet abbé de Rothelin, membre de l'Académie française, que Voltaire a choisi pour compagnon dans son excursion au « Temple du goût : »

Cher Rothelin, vous fûtes du voyage, etc.

Ces longs procès ne furent pas les seules tribulations qui agitèrent la vie de la marquise de Rothelin. Nous allons la voir bientôt mêlée activement aux troubles religieux et politiques qui signalèrent cette déplorable époque. Lors de son veuvage, elle eut pour son douaire la jouissance de la terre de Blandy.

Aussi elle comparut lors de la réformation de la coutume de Melun, le 17 février 1558, sous ce titre : « Dame Jacqueline de Rohan, veuve de messire François d'Orléans, marquis de Rothelin, dame de Blandy et Champigny (2). »

(1) Bib. impér., cabinet des Titres., dossier de Longueville.
(2) Champigny est un hameau qui dépend maintenant de la commune de Crisenoy.

VII.

LA MARQUISE DE ROTHELIN
ET LA PRINCESSE DE CONDÉ, SA FILLE.

Le marquis de Rothelin portait son écusson écartelé au premier et quatrième quartier d'or à la bande de gueules, qui était de Bade-Hochberg; au deuxième et au troisième d'or au pal de gueules, chargé de trois chevrons d'argent. C'étaient les armes de sa mère, et sur le tout il plaçait l'écusson des d'Orléans-Longueville (1).

Le P. Anselme donne pour écusson à Jacqueline de Rohan celui de la maison de Rohan, qui est de gueules à neuf macles d'or.

(1) Comme en tête du chapitre précédent.

— 79 —

Toutefois elle avait, à l'exemple du maréchal de Rohan-Gié, son aïeul, et de Charles de Rohan, son père, ajouté à l'écusson des Rohan les armes qui indiquaient les principales alliances de son illustre famille. C'étaient celles de Navarre-Évreux, car elle descendait de Jeanne de Navarre, dite la jeune, qui était fille de Jeanne, héritière du royaume de Navarre, qu'elle avait apporté à son mari, Philippe, comte d'Évreux, petit-fils du roi Philippe le Hardi et arrière petit-fils de saint Louis (1). Jeanne de Navarre, dite la jeune, épousa Jean Ier du nom, vicomte de Rohan (2), quatrisaïeul paternel de Jacqueline de Rohan, marquise de Rothelin (3). Elle plaçait enfin l'écusson de la maison de Milan sur le tout, en souvenir de Bonne Visconti, dite de Milan, fille de Charles Visconti, seigneur de Parme, et femme de Guillaume de Montauban,

Armes de la marquise de Rothelin (4).

(1) Le P. Anselme, t. Ier, p. 281.
(2) *Id.*, p. 283.
(3) *Id.*, t. IV, p. 59 et 68.
(4) L'écusson de la marquise de Rothelin était ainsi composé :

chancelier d'Isabeau de Bavière. Bonne Visconti était mère de Jean de Rohan, seigneur de Montauban, amiral de France, et était ainsi quatrisaïeule maternelle de Jacqueline de Rohan (1).

Le marquis et la marquise de Rothelin ont fait une longue habitation à Blandy, et les traces n'en sont pas encore tout à fait effacées.

Les registres de la paroisse nous montrent qu'eux et leur famille résidaient souvent dans le vieux château de leurs aïeux. Ainsi, nous y trouvons un acte de baptême, daté du 11 mars 1541, dans lequel la princesse Jeanne de Savoie figure comme marraine. Nous y voyons aussi que deux de leurs enfants y naquirent. L'un de ces enfants ne paraît pas avoir vécu, et il n'est pas indiqué par le P. Anselme. Voici son acte de baptême :

« L'an mil cinq cens quarante-sept, le treizième jour de novembre, environ dix heures au soir, fut né au chastel de Blandi, Jacques d'Orléans, fils de très-noble et puissant prince Francoys d'Orléans, marquis de Rothelin et seigneur du dit Blandi, et de madame Jacqueline, sa femme, et fut tenu de très-noble et puissant prince Jacques de Savoye, duc d'OEnemours, avecq damoyselle Jehanne de Savoye, sa sœur (2), et fut baptisé le cinquième décembre

premier et quatrième quartier de Rohan, qui est de gueules à neuf macles d'or ; au deuxième de Navarre, qui est de gueules aux chaînes d'or posées en orle, en croix et en sautoir ; au troisième d'Évreux qui est de France, au bâton componné d'argent et de gueules. Sur le tout la givre de Milan.

(1) Le P. Anselme, t. IV, p. 80.

(2) Le duc de Nemours qui figure dans cet acte et sa sœur Jeanne de Savoie étaient nés du mariage de Philippe de Savoie, duc de Nemours et de Genevois, avec Charlotte d'Orléans, fille

au dit an, environ quatre heures après-midi, de par monsieur maistre Nicolle Longuet, chantre chanoyne et curé de Champeaulx, accompagnez de maistre Denis Fuzelier, prestre vicaire du dit Blandi et plusieurs gens d'églises, gentilzhommes et officiers ayant torches ardentes en leurs mains. » Le paraphe de M. Duval, curé (1).

L'autre acte indique la naissance et le baptême de Françoise d'Orléans, qui devint princesse de Condé.

Il est ainsi conçu :

« Le Ve apvril cinq cens XLVIII.

« Fut né au chastel de Blandy, damoyselle fille de très-noble et puissant prince Francoys d'Orléans, marquis de Rothelin et seigneur dudit Blandy, et dame Jacquelline de Rohan, sa femme, et fut tenuez de très-noble prince Aliénor d'Orléans, fils dudit Françoys d'Orléans, et Lazare Stos, et damoyselle Francoyse, femme de Claude de Louviers, seigneur de Saint-Merry, et fut baptisée de par maistre Denis Fuzelier, vicaire dudit lieu. »

Signé : M. Fuzelier (2).

de Louis Ier. Ils étaient ainsi neveu et nièce du marquis de Rothelin. C'est ce qui explique leur séjour au château de Blandy et leur qualité de parrain et marraine de leur jeune cousin.

Jacques de Savoie, duc de Nemours, était né le 12 octobre 1531. Il fut l'un des grands capitaines français de son temps. Brantôme en parle ainsi : « Qui n'a vu M. de Nemours en ses armées, il n'a rien vu, et qui l'a vu le peut baptiser, par tout le monde, la fleur de toute chevalerie. » Il mourut le 15 juin 1585. C'est lui qui eut contre la marquise de Rothelin le procès dont nous avons parlé ci-dessus, p. 75.

Quant à Jeanne de Savoie, née en 1532, elle épousa, en 1555, Nicolas de Lorraine, duc de Mercœur, et mourut en 1568.

(1) Registre coté C, fol. 12, recto.
(2) Registre coté C, premier feuillet, verso.

En 1550, la marquise de Rothelin présida, environnée de sa famille, au baptême des cloches de l'église paroissiale. Voici, en effet, l'acte qui en fut dressé :

« En l'an mil cinq cens cinquante, le dimanche, dernier jour d'aoust, ont estée fondues les cloches de Blandy.

« Le lundy, jour de la Nativité Nostre-Dame, en septembre, ont estée baptisées icelles cloches, par messire Denis Fuzelier, vicaire, et a estée nommée la grosse cloche *Jacqueline* par haulte et puissante dame madame la marquise, la seconde a estée nommée *Léonor* par monseigneur son filz, la tierce a estée nommée *Françoyse* de par mademoyselle, fille de la dicte dame, la quarte a estée nommée *Marye* par Jehan Camus et Denis Massy, marguilliers pour lors (1). »

Ces actes, indépendamment de la preuve qu'ils offrent du séjour habituel de la marquise de Rothelin à Blandy, montrent qu'elle n'avait pas encore embrassé la religion protestante.

Nous ignorons la date précise de ce changement de religion ; nous sommes porté à croire qu'il eut lieu vers 1557, époque où la religion nouvelle fut adoptée par une partie de la haute noblesse, notamment par Antoine de Bourbon, roi de Navarre, par le prince de Condé, d'Andelot, la duchesse de Montpensier, etc.

Quoi qu'il en soit, la marquise de Rothelin était devenue protestante avant 1559 ; car il existe, à la date du 22 août de cette année, une lettre de Calvin au duc de Longueville, fils de cette princesse, où il s'exprime ainsi : « Or, Monseigneur, vous avez un grand avantage en ce que Madame vostre mère ne désire rien

(1) Registre coté C, fol. 55, après les testaments de 1551.

plus que de vous voir cheminer rondement en la crainte de Dieu, etc. (1). »

Madame Duplessis-Mornay nous apprend, dans ses Mémoires, que le seigneur de la Borde, son père, « se voyant affligé pour la relligion de la quelle toutesfoys il ne faisoit profession, recogneut la bonté de Dieu, qui se servoit de ce moyen là, et print pene de s'instruire, conférant avec les ministres, M. Gaudet et M. de Miremont, qui se tenoient chez madame la marquise de Rothelin, à Blandy, à une lieue de sa maison de la Borde (2). »

On peut induire des mêmes mémoires que la marquise de Rothelin, qui était en correspondance avec Calvin (3), aimait les disputes théologiques. On y voit, en effet, qu'une conférence eut lieu en sa présence, à Paris, à l'hôtel de Rothelin, qui était situé auprès des Enfants-Rouges, entre Duplessy-Mornay, alors fort jeune, et M. de Meneville (4).

Son fils Léonor, duc de Longueville, suivant l'exemple de ses ancêtres, embrassa la carrière des armes; il fut fait prisonnier, n'ayant encore que dix-sept ans, à la fatale bataille de Saint-Quentin, en 1557. Il dut payer quarante mille écus pour sa rançon. Il avait été destiné à épouser la fille du duc de Guise; mais ce mariage manqua, parce que le duc de Longueville, ayant adopté les

---

(1) *Petite chronique protestante de France*, par Crottet. Paris, 1846, p. 65 de l'appendice.

(2) *Mémoires et correspondance de Duplessis-Mornay*. Paris, 1824-1825, 12 vol. in-8, t. I, p. 48. — La Borde le Vicomte est un hameau qui forme une commune avec Châtillon, à cinq kilomètres de Blandy. On voit encore les ruines du château.

(3) *Petite chronique protestante*, p. 76.

(4) *Mém. de Duplessis-Mornay*, t. I, p. 22.

principes de la réforme, refusa d'assister au sacre de Charles IX, qui eut lieu le 15 mai 1561, et auquel il eût dû remplir l'office de grand chambellan. Plus tard, il rentra dans le giron de l'Église catholique, et Charles IX déclara, par ses lettres de septembre 1571, qu'il le tenait et réputait pour prince de son sang. Il était gouverneur de Picardie en 1572, et seconda les projets de la cour dans son gouvernement. Il mourut à Blois au mois d'août 1573, âgé seulement de trente-trois ans. Il revenait du siége de la Rochelle; Brantôme dit qu'on crut que ce fut du poison : « Que maudict soit le misérable, ajoute-t-il, celuy qui la luy donna ou la luy fit donner! Mais il n'estoit pas possible de voir un prince plus brave, vaillant et génereux que celuy-là, ny moins hypocrite en guerre, tant homme de bien et d'honneur au reste, et qui ne fist jamais tort ny desplaisir à aucun; tant doux, tant gratieux, très beau et de fort bonne grâce et adroict à toutes choses. Bref, ce fut un très grand dommage de sa mort : car il fust esté un jour un très grand capitaine, comme il commençoit desjà. Il mourut en la fleur de son aage et de sa beauté. Il estoit l'un de mes bons seigneurs et amys que j'eusse (1). »

Le duc de Léonor de Longueville, auquel le piquant écrivain a consacré ces lignes touchantes, avait épousé, le 2 juillet 1563, Marie de Bourbon, duchesse d'Estouteville, qui était déjà veuve de deux maris, et il en eut neuf enfants. Cette dame écrivit à la marquise de Rothelin, sa belle-mère, la lettre que nous allons rapporter, parce qu'elle nous paraît peindre les mœurs tout à la fois respectueuses et simples de cette époque :

(1) T. II, p. 110.

« Madame, je suis très marrie de vostre gratelle qui ne s'an va point, et vousdrois estre auprès de vous pour vous ayder à grater, s'il estoit besoing. Je suis venu à mon posvre ménage, d'où je vous envoye de mon beure frais, que je salle ung peu, ayant entendu que l'ostre estoit trop; aussi n'estoit-il de sete année. Je vousdrois que eussiyé trouvé le vin bon; mais, quant il vous pléra venyr, vous guéryré plustot, et si vous choysirés du vin sur quatre-vin pipe ce qu'il vous pléra, et du mylleur. Voz petitz enfans se porte bien, ormys la gualle; ils sont quasy guéry. Je voudrois estre si heureuse que je pense (estre) aveque vous; or si ne venez bientost, vous ne guérirés point. Venez, je vous suplye, madame et bonne mère; souvenez-vous de tenyr an voz bonnes graces vostre grand'fille (1) et moy et voz petiz enfans, et je pris Dieu qu'i vous donne très bonne et longue vie, après vous avoir baisé très humblement les mains.

« De Trie, ce..... de mars.

Vostre très humble et très obéissante posvre fille,

Signé : MARIE DE BOURBON. »

Suscription : *A Madame*.

Quant à Françoise d'Orléans, fille de la marquise de Rothelin, elle épousa, par contrat du 8 novembre 1565, Louis de Bourbon, premier du nom, prince de Condé.

Ce prince était le septième fils de Charles de Bourbon, duc de Vendôme, et de Françoise d'Alençon. Il avait pour frères : Antoine de Bourbon, roi de Navarre, père de Henri IV, et le cardinal de Bourbon, qui fut proclamé

---

(1) Elle désigne par là sa belle-sœur Françoise d'Orléans, princesse douairière de Condé.

roi par le parti de la Ligue sous le titre de Charles X. Né à Vendôme le 7 mai 1530, le prince de Condé devint célèbre par le rôle qu'il joua dans les troubles religieux et politiques du seizième siècle, ainsi que par sa galanterie. Il avait épousé, en premières noces, Éléonore de Roye, dont il eut trois enfants. Il la perdit en 1564, et se remaria, comme nous venons de le dire, l'année suivante, à Françoise d'Orléans. Trois enfants naquirent de ce mariage ; deux moururent jeunes, et un seul, Charles de Bourbon, comte de Soissons, sera susceptible de nous occuper.

Armes de la princesse de Condé (1).

Le prince de Condé, par sa naissance, par son talent et par son courage, était le chef du parti protestant. Il parcourait la France à la tête de son armée, guerroyant contre les catholiques. Pendant ce temps, la marquise de Rothelin vivait solitaire à Blandy, ayant auprès d'elle les enfants nés du premier mariage de son gendre.

(1) Cachet de la princesse de Condé, apposé sur une pièce qui est à la Bib. imp. départ. des Mss. Ses armes étaient mi-partie des d'Orléans-Longueville et des Condé.

Un soir du mois de novembre 1567, on vit arriver devant le château une troupe d'hommes à cheval, qui semblait vouloir s'introduire dans la vieille forteresse. C'était un détachement de chevau-légers. Le pont-levis était fermé, les remparts bien gardés par de fidèles serviteurs ; mais le chef de la troupe fit savoir à la dame châtelaine qu'il était le seigneur d'Entragues, son neveu, et qu'il venait simplement lui rendre visite.

Aussitôt, d'après les ordres de la marquise, le capitaine du château fait abaisser le pont-levis, et le pas des chevaux retentit sous la voûte de la porte d'entrée. La marquise de Rothelin reçoit son neveu avec cette politesse réservée qui était l'un des traits distinctifs des grandes dames de cette époque. Elle était loin de s'attendre à un piége semblable à celui que Jacques d'Harcourt avait jadis tendu au seigneur de Parthenay, son oncle. Elle aussi fit « grant chière à son bieau nepveu, » et l'invita sans défiance à passer la nuit au château.

Mais voilà que le lendemain le sieur d'Entragues lui apprend qu'il vient l'arrêter de par l'ordre du roi Charles IX, ainsi que les trois enfants du prince de Condé, qui étaient avec elle à Blandy, et qu'il doit les conduire au château du Louvre.

Aucune résistance n'était possible ; il n'y avait pas moyen d'échapper à un pareil guet-apens. La marquise de Rothelin fait signe à son neveu qu'elle est prête à le suivre avec les jeunes enfants confiés à sa garde, et ils arrivent le 13 novembre au Louvre, où ils sont retenus comme otages par Catherine de Médicis, qui espère ainsi mettre un terme aux excès imputés au prince de Condé ; et en effet, s'il faut en croire un contemporain : « Cela fut cause que M. le Prince, qui auparavant faisoit brûler plusieurs villages et maisons, retint ses brûleries (1). »

Nous ignorons combien de temps la marquise de Rothelin fut retenue prisonnière; mais l'année suivante, au mois d'août, de Thou nous la montre se rendant, de la part de son gendre, auprès du roi, pour lui faire entendre les griefs des protestants (2). Condé était alors à sa terre de Noyers, auprès de Joigny, avec sa femme, ses enfants et plusieurs de ses amis. Coligny vint l'y rejoindre. Ayant appris que la négociation confiée à la marquise n'avait pas réussi, et qu'on envoyait des troupes pour l'arrêter, Condé s'enfuit précipitamment, et gagna les bords de la Loire avec sa suite. L'historien Mathieu a fait un tableau touchant de cette fuite précipitée : « Le Prince, dit-il, partit à peu de bruit, et son équipage touchoit les cœurs de commisération : car on voyoit un premier prince du sang se mettre en chemin par les chaleurs extrêmes, avec sa femme enceinte, en litière, trois enfants au berceau; à la suite la famille de l'admiral, celle de d'Andelot, nombre d'enfants et de nourrices; pour escorte, cent cinquante chevaux, et, pour toute consolation, que la souvenance de cette misère leur seroit aussi douce que le ressentiment en estoit rude. »

Ils passèrent la Loire auprès de Sancerre, et ils se dirigèrent sur la Rochelle, où ils arrivèrent le 18 septembre.

L'année suivante, le 13 mars 1569, le prince de Condé fut tué ou plutôt assassiné, à la bataille de Jarnac, par Montesquiou. On lui fit cette épitaphe épigrammatique :

(1) *Journal de Bruslart*, au t. 1ᵉʳ des Mémoires de Condé, p. 184.
(2 *De Thou*, liv. XLIV.

L'an mil cinq cent soixante-neuf,
Entre Coignac et Chasteauneuf
Fut porté mort sur une asnesse,
Le grand ennemi de la messe (1).

Voltaire est plus juste dans la Henriade, lorsqu'il s'écrie :

O plaines de Jarnac, ô coup trop inhumain !
Barbare Montesquiou, moins guerrier qu'assassin.

Trois ans après la mort du prince de Condé, une grande solennité se préparait au château de Blandy. La marquise de Rothelin et la princesse douairière de Condé allaient présider au mariage de Henri Ier, prince de Condé, beau-fils de la princesse (2), avec cette belle Marie de Clèves qui inspira une passion si violente au roi Henri III (3).

Les seigneurs protestants étaient conviés à ces noces. Le roi de Navarre, depuis Henri IV, âgé alors de dix-neuf ans seulement, l'amiral de Coligny et bien d'autres s'étaient donné rendez-vous à ces fêtes, qui devaient être célébrées au commencement de juillet 1572, et de là ils avaient projeté de se rendre à Paris pour assister au mariage du

---

(1) Ce quatrain a été attribué par les uns à un procureur du Périgord, nommé Laval, par d'autres au chansonnier Christofle de Bordeaux. V. Papyre Masson, *Descript. de la France* ; Dreux du Radier, *Récréations historiques* ; M. Leroux de Lincy, *Recueil des chants historiques du XVIe siècle*, p. 240.

(2) Il était issu du mariage de Louis Ier, prince de Condé, avec Éléonore de Roye, sa première femme.

(3) L'Estoile, *Journal de Henri III*, collect. Petitot, t. XLV de la première série, p. 104.

roi de Navarre avec la princesse Marguerite de Valois, sœur de Charles IX.

De Blandy, en effet, les seigneurs protestants arrivèrent à Paris, où ils se trouvaient réunis dans les premiers jours d'août 1572, ne se doutant pas qu'on allait profiter de cette occasion pour les tuer tous ensemble et anéantir d'un seul coup les principaux soutiens de la religion nouvelle. C'est ce qui arriva cependant. Le mariage du jeune roi de Navarre et de la princesse Marguerite fut célébré le 18 août, et le 24 du même mois eut lieu le massacre de la Saint-Barthélemy. Le marquise de Rothelin avait accompagné sa fille et le prince de Condé dans ce voyage de Paris, et elle était logée avec eux au Louvre (1). Au moment même du massacre, Condé et le roi de Navarre furent appelés dans la chambre du roi. Charles IX fit de nombreux efforts pour les déterminer à abjurer de suite; et, comme ils résistaient, il traita Condé d'opiniâtre, de séditieux, de rebelle et de fils de rebelle, et lui déclara que si, dans trois jours, il ne sortait de son obstination, il lui en coûterait la tête (2).

Le 9 septembre, Charles IX, indigné de la résistance qu'il rencontrait dans Condé, fit armer ses gardes, et résolut d'entrer dans la chambre du prince et de le faire tuer sous ses yeux s'il n'abjurait pas immédiatement; mais la jeune reine, Élisabeth d'Autriche, obtint, par ses larmes, que son royal époux ne se livrât pas à ce nouvel attentat.

Toutefois Charles IX pénétra le lendemain dans la

---

(1) *Mémoires de Madame Duplessis-Mornay*, p. 58.
(2) *De Thou*, liv. LII, p. 540, et autres historiens contemporains.

chambre de Condé, et ne lui dit que ces trois mots : *Messe, mort*, ou *Bastille*. « Que Dieu ne permette point, répondit le prince, que je choisisse le premier ; des deux autres, mon roi et mon seigneur, soit à votre discrétion, que Dieu veuille modérer par sa providence. »

Cependant, sur de nouvelles sollicitations, il ne refusa pas d'avoir quelques conférences avec un ministre d'Orléans, Hugues Sureau du Rosier, qui venait d'abjurer le protestantisme. Le roi de Navarre, Catherine de Bourbon, sa sœur, le prince de Condé, Marie de Clèves, sa femme, et Françoise d'Orléans, sa belle-mère, assistèrent à ces conférences, et finirent par faire leur abjuration entre les mains de du Rosier. Pour la plupart de ces personnages cette abjuration n'était pas sincère. Néanmoins, Marie de Clèves, princesse de Condé, qui mourut à Paris, à peine âgée de vingt et un ans, le 30 octobre 1574, et Françoise d'Orléans restèrent dans le giron de l'Église catholique. Quant à la marquise de Rothelin, il est permis de croire, d'après le caractère que nous lui connaissons, que, si elle assista à ces conférences, elle demeura inébranlable.

Après le massacre, elle retourna à Blandy, où elle continua de résider avec la princesse douairière de Condé, qui ne venait à la cour qu'autant que les nécessités de son rang l'y appelaient. Ces deux nobles dames inspirèrent du respect même à Brantôme, qui en a porté le jugement suivant :

« J'ay veu plusieurs seigneurs, gentils hommes et dames, s'esmerveiller souvent de madame la princesse de Condé, la douairière, de la maison de Longueville, qui ne s'est jamais voulu remarier. Elle estoit l'une des belles dames de la France, et très désirable, s'estant plue en sa condition viduale, sans jamais s'estre voulu remarier, nonobstant qu'elle demeurast veufve très jeune.

« Madame la marquise de Rothelin, sa mère, en a fait de mesme, qui, très belle qu'elle a esté, est morte veufve. Certes, et la mère et la fille pouvoient embraser tout un royaume de leurs yeux et doux regards, qu'on tenoit à la cour et en France pour estre des plus agréables et des plus attirans. Aussi ne faut-il point douter qu'ils ne bruslassent plusieurs; mais de s'en approcher par mariage, il n'en falloit point parler; et toutes deux ont très loyaument entretenu la foy donnée à leurs feus marys, sans en espouser de seconds (1). »

Si on en croit l'Estoile, la princesse de Condé n'aurait pas toujours été insensible aux hommages des seigneurs de la cour. « Le 26 avril 1575, raconte-t-il, le roy de Navarre étant en la chambre de sa tante, la princesse de Condé, prenoit plaisir à voir toucher le luth à un gentilhomme nommé de Noailles, qui avoit le bruit d'être aimé de la dite dame. Comme il accordoit mélodieusement sa voix à l'instrument sur cette chanson :

> Je ne vois rien qui me contente,
> Absent de ma divinité;

« Et répétant souvent passionnément ce mot de « divinité, » le roy de Navarre dit à de Noailles :

> N'appelez pas ainsi ma tante :
> Elle aime trop l'humanite.

« Le roy (Henri III), continue l'Estoile, l'ayant en-

---

(1) *Œuvres complètes du seigneur de Brantome.* Paris, 1823, 8 vol. in-8°. — 5ᵉ vol., p. 341.

tendu (raconter) le même jour : « Voilà, dit-il, une ren-
« contre digne de mon frère ! Si lui et les autres ne s'amu-
« soient qu'à cela, nous aurions bientost la paix (1). »

D'après le P. Anselme, la marquise de Rothelin serait morte en 1586, faisant profession de la religion calviniste (2). Il y a erreur quant à la date du décès. Une note qui se trouve dans les papiers de la mairie de Blandy (3) indique ce décès comme ayant eu lieu au mois de juillet 1587, et ce qui nous fait croire que cette dernière date est exacte, c'est qu'il existe une lettre de la princesse douairière de Condé, à la duchesse de Longueville, sa belle-sœur, du 11 avril 1587, dans laquelle elle lui témoigne de l'inquiétude sur le sort de la marquise de Rothelin, sa mère, par suite des projets attribués alors à la cour contre les protestants. « Il ne se parle que d'exterminer les huguenots, dit-elle, de sorte qu'il est bien besoin que nous songions à madame nostre mère, parce que l'ordonnance que le roy fait est que l'on saisisse prison-

---

(1) *Journal de l'Estoile, sous le règne d'Henri III*. Collection Petitot, 1re série, t. XLV, p. 115. — Tallemant des Réaux, t. I, p. 88 de l'éd. in-12, raconte un peu différemment cette anecdote, qui est mise aussi sur le compte d'une autre tante de Henri IV, Marguerite de Bourbon, femme de François de Clèves, duc de Nevers. On dit qu'un Noailles ayant écrit sur le lit de cette princesse :

> Nul bien, nul heur ne me contente
> Absent de ma divinité.

Le roi de Navarre écrivit au-dessous :

> N'appelez pas ainsi ma tante,
> Elle aime trop l'humanité.

(2) T. I, p. 219.

(3) Cette note est de la main de M. Blondeau, qui exerça les fonctions de notaire à Blandy de 1722 à 1777.

niers ceux de la religion pour aviser à vendre leur bien, et enfin les traiter le pis que l'on pourra (1). »

Cette lettre démontre que la marquise de Rothelin vivait encore au 11 avril 1587, et qu'elle continuait de professer la religion protestante.

La note dont nous avons parlé nous apprend que cette noble dame, dont le caractère nous rappelle ces puritains opiniâtres et rigides si bien décrits par Walter Scott, fut inhumée dans un caveau de l'église paroissiale, sous la lampe du chœur, et que son corps y était entier en 1731. En 1794, cette tombe fut violée. Le cercueil de plomb fut porté à Melun, pour servir à faire des balles. La dépouille mortelle de la marquise de Rothelin, bien conservée, nous ont dit des témoins oculaires, fut déposée dans l'ancien cimetière de la commune, d'où elle a été exhumée dernièrement. Une sépulture digne d'elle va lui être érigée, grâce à la générosité du prince héritier des Condé, qui s'est empressé de lui assurer ce dernier asile (2).

Cette circonstance que la marquise de Rothelin fut inhumée dans le chœur de l'église, place à laquelle elle avait eu droit en sa qualité de seigneur haut justicier, pourrait donner à penser qu'avant de mourir elle serait rentrée dans le giron de la foi catholique. Mais son caractère inflexible et le témoignage du P. Anselme suffisent pour

---

(1) Cette lettre a été imprimée en entier dans le *Bulletin de la société de l'histoire de France*, t. I, 2e partie, p. 23. L'ordonnance dont elle parle est la déclaration du 20 avril 1587, pour la saisie et vente des biens et revenus des protestants.

(2) Le portrait de Jacqueline de Rohan, lorsqu'elle était encore jeune, a été dessiné par Dumoustier, aux trois crayons, et existe au département des estampes de la Bibliothèque impériale. Il a été gravé dans Montfaucon, t. V, pl. 44 de l'ancienne édition.

faire écarter cette présomption. Il n'est pas sans exemple, en effet, que, malgré la rigueur des édits, des protestants de marque aient été inhumés dans des églises ; nous nous contenterons d'en citer quelques-uns. Le ministre Couet reçut la sépulture dans une église de Dominicains (1) ; Paré, le célèbre chirurgien, fut inhumé dans l'église Saint-André des Arts, à Paris, et un tombeau a été érigé à Sully et à sa femme dans l'église de Nogent le Rotrou.

Il ne faut pas perdre de vue, en outre, que la seigneurie de Blandy appartint, après la mort de la marquise de Rothelin, à la princesse de Condé, sa fille, et au décès de celle-ci au duc de Bourbon-Soissons, petit-fils de la marquise. Leur influence a pu suffire pour faire respecter la sépulture d'une personne qui leur était si chère, et qui avait laissé un grand renom de vertu dans la contrée. Aucune inscription d'ailleurs, aucun signe de catholicité n'existait sur la pierre qui fermait le caveau où la marquise de Rothelin était déposée, ce qui semble démontrer encore que cette princesse était morte dans la religion qu'elle avait embrassée.

Peu après le décès de sa mère, la princesse douairière de Condé éprouva un nouveau et violent chagrin. Le fils de Henri Ier de Bourbon, prince de Condé, devenu veuf de sa première femme, Marie de Clèves, avait épousé, en secondes noces, Charlotte-Catherine de la Trimouille. Il mourut le 5 mars 1588, à Saint-Jean d'Angély, avec tous les symptômes d'un empoisonnement. Un bruit général se répandit aussitôt que sa femme était auteur ou tout au moins complice de cet empoisonnement.

La princesse douairière de Condé écrivit à celle qui était

(1) Moréri, art. COUET.

accusée d'un si grand crime la belle lettre que voici, datée du 9 avril 1588 :

« Autant de contentement que j'ay receu en vous nommant Madame la princesse, j'ay. d'occasion de regretter ce nom, tant que serez justiffiée de la malheureuse accusation qui vous fera perdre l'honneur et la vie tout ensemble, sy vostre innocence ne vous justifie, ce que je désire infiniment, ne pouvant croire que dans le cœur d'une femme bien née et nourie telle méchanceté se fut gardée pour le prince qui vous a tant honorée à vous rechercher et espouser; cette perte est si grande pour toutte la maison, que pour mon particulier, l'honneur que j'ay receu de feu monsieur son père me convie assez de le plorer le reste de ma vie, et ay esté des premiers à demander justice à notre roy, qui ne la peut et veut donner, leurs majestez n'ont voulu recevoir vos lettres, ny messieurs les cardinaux (1) les respondre. J'ay aussy parlé de vostre histoire à la royne mère du roy; elle m'a respondu estre tant amie de l'honneur et de la vertu, et a en telle horreur le faict dont on vous accuse, quelle ne se veust mesler de vous bailler le deuil que ne soyez justiffiée. C'est

(1) Le cardinal de Bourbon, dont la Ligue voulut faire un roi sous le nom de Charles X, son neveu le cardinal de Vendôme, **Louis II de Lorraine, cardinal de Guise,** qui fut assassiné aux états de Blois, où il présidait l'ordre du clergé, le 24 décembre 1588, lendemain du jour où son frère, le duc de Guise, avait été aussi assassiné. Il faisait très-froid, le roi (Henri III), dit de Thou, était presque toujours furieux dans les temps de gelées. Moréri (verbo *Cardinaux*) indique encore comme existant à cette époque les cardinaux François-Nicolas de Pellevé, archevêque de Sens; de Joyeuse, archevêque de Toulouse; Philippe de Lénoncourt, archevêque de Reims, et Pierre de Gondi, évêque de Paris.

donc à vous de travailler que vostre page soit pris, auquel on dit qu'avez fait donner nombre d'argent par vostre trésorier, et que l'un de vos valets de chambre a advoué avoir donné la première poison. Ces indices advancent fort vostre malheur; il se dict davantage qu'aimez avec telle passion vostre page, qu'il tenoit lieu de vostre mary, avec tant d'autres vilenyes que la cour en a horreur, et ne s'entretient maintenant qu'aux dépens de vostre réputation, dont je vous estime très malheureuse : ceulx qui vous ont conseillé, s'il est ainsy, ont plus faict contre vous que s'ils vous eussent donné la mesme poison. Qui voudroit jamais vous voir vous tenant sans honneur et sans ame? Croyez que Dieu, qui menasse les empoisonneurs de n'avoir part au royaume des cieux, permettra que la vérité soit connue, et la justice exécutée; j'ay supplié très humblement le roy de vostre part que le page fust arresté, Sa Majesté le désire et en a escrit; mais on ne croit pas qu'en ayez enuye. Je prie Dieu que le contraire soit; mais quoy qu'il en soit, vous êtes maintenant la fable et la malédiction de la France, et, comme je croy, de tout le monde, jusques aux barbares s'ils l'entendent. Mais est-il bien possible d'oster la vie à un prince qui vous a tant honnorée et tant aymée? Si cela est, vous n'avez pire ennemie que vous-mesme, ayant consenty à la damnation de vostre ame. Le temps, qui est père de la vérité, nous fera bientost juges de vos déportemens, que je souhaite tout contraires à la créance qui s'en prend partout. Lorsque j'ay sceu que vous viviez en princesse d'honneur, et que respectiez un tel mary de si grande maison, j'ay désiré de vous faire service, et m'en fusse estimée très heureuse, mais non maintenant que je vous vois ainsy accusée, si vostre justification n'appaise ce trop grand bruit d'un sy méchant acte. J'ai trop receu d'honneur de feu monseigneur mon mary pour vouloir qu'un autre me surpasse en désir de vous estre la plus cruelle ennemie qu'ayez jamais eue, plorant maintenant vostre honte comme je voudrois qu'il n'en fust rien. Et sy vous avez failly comme l'on dit, hastez-vous d'accuser ceux qui vous ont donné ce pernicieux conseil, pour le bien de vostre honneur et vie, et je prieray Dieu pour les meschans et estre protecteur des bons.

Celle qui s'est cy-devant dicte vostre belle-mère à vous faire service.

FRANÇOISE D'ORLÉANS. »

Il serait difficile de manier plus habilement l'indignation et la douleur pour un crime portant atteinte à l'honneur d'une illustre maison.

La princesse de Condé écrivit aussi la lettre suivante à M. de la Trimouille, frère de celle que l'opinion générale accusait avec tant d'énergie :

« Monsieur, j'ay receu les lettres que vous m'avez escrites, où je reconnois le desplaisir dont vostre ame est saisie de la perte qu'avez faicte de monsieur le prince de Condé. Ce n'est pas sans raison, veu l'honneur que vous avez receu, vous et toutte vostre maison, de l'amitié qu'il portoit à mademoiselle de la Trimouille vostre sœur, l'ayant choisie parmy tant d'autres pour la juger digne du nom qu'il luy a faict porter, dont elle l'a très mal récompensé s'il est vray, ce que toutte la cour croit, comme vous dira ce gentilhomme présent porteur. Leurs Majestez n'ont voulu recevoir ses lettres, ny messieurs les cardinaulx y respondre ; vous aurez subjet toutte vostre vie d'aborrer la honte qu'elle a aportée à vostre maison, et à nous, la perte quelle nous aura causée; s'il est ainsy, vous debvez avec nous poursuivre la justice, et vous sera tousjours gloire d'estre plus amy de vostre honneur que d'aucun parentage (1). »

Le page et Brillaud, contrôleur de la maison du prince, dont il est question dans la lettre de la princesse de Condé à sa belle-fille, furent poursuivis. Leur procès fut fait par les juges de Saint-Jean d'Angély, qui les condamnèrent à mort. Mais le page était en fuite et fut exécuté en effigie. Quant à Brillaud, il fut écartelé (2). Deux jours après son supplice, les mêmes juges ordonnèrent qu'il serait informé contre la veuve du prince de Condé, comme complice de l'empoisonnement; car Brillaud, ayant été mis à la torture, avait fait l'aveu que non-seulement il était coupable, mais qu'il n'avait agi qu'à la suggestion de la princesse de Condé. Celle-ci ayant déclaré qu'elle était enceinte, l'instruction fut suspendue jusqu'au quarantième jour de son accouchement. Après l'accouchement, sur sa demande et sur celle de sa famille, malgré les efforts contraires des juges de Saint-Jean d'Angély, qui avaient persisté à en instruire, le roi Henri IV consentit à ce que l'affaire fût renvoyée devant le Parlement de Paris. Les troubles de la Ligue en firent différer l'instruction, qui ne recommença qu'en 1595, et le 24 juillet 1596 la princesse obtint un arrêt d'acquittement.

Françoise d'Orléans, princesse douairière de Condé, mourut à Paris le 11 juin 1601, laissant tous ses biens, et par conséquent la seigneurie de Blandy, à son fils, Charles de Bourbon, comte de Soissons et de Dreux.

(1) Cette lettre et la précédente sont tirées du *Bulletin de la Société de l'histoire de France*, t. I, 2ᵉ part., p. 73-76.
(2) L'Estoile, *Journal de Henri III*, éd. Petitot, t. 45, p. 357.

7.

VIII.

LE COMTE DE BOURBON-SOISSONS.

Armes du comte de Bourbon-Soissons (1).

Ce prince était né à Nogent-le-Rotrou le 3 novembre 1566. Il fut élevé dans la religion catholique, mena

(1) De France, au bâton de gueules en bande, à la bordure de gueules.

une vie aventureuse, changeant de parti suivant son caprice ou son intérêt. Il s'était épris de Catherine de Bourbon, sœur de Henri IV, et cette princesse partageait son amour. Mais le roi s'opposait à leur mariage; les deux amants espérèrent arracher son consentement au moyen d'une union secrète. Catherine avait alors pour aumônier le ministre Cayet, qui depuis se fit catholique. Le comte de Soissons alla la retrouver à Pau, et ils conjurèrent Cayet de bénir leur union; mais le ministre refusa obstinément. Alors le comte de Soissons le menaça de le faire périr sur-le-champ. « Eh bien, Monseigneur, lui répondit Cayet, tuez-moi; j'aime mieux mourir de la main d'un prince que de mériter de tomber sous celle d'un bourreau; » et ce mariage ne se fit pas.

Le comte de Soissons épousa, le 27 décembre 1601, Anne, comtesse de Montafié, qui était connue sous le nom de Mademoiselle de Lucé. C'était une des plus belles personnes de la cour (1).

Pendant que le comte de Soissons combattait la Ligue, il est vraisemblable que les ligueurs qui investirent les environs de Melun, en 1588, cherchèrent à pénétrer dans le château de Blandy. En effet, il existe un endroit sur le coteau du côté de Moisenay, à un kilomètre du village, que l'on appelle encore *la Fontaine aux Ligueux*, nom qui provient évidemment des souvenirs de ce temps, et peut-être de ce qu'un détachement de l'armée de la Ligue y avait campé. Après la journée des Barricades, au mois de mai 1588, le duc de Guise avait fait une tentative pour s'emparer du château de Melun. Il avait

(1) Tallemant des Réaux, *Historiettes*, t. I, p. 207 de l'édition in-12.

sommé le gouverneur, Tristan de Rostaing, de lui rendre la place; mais celui-ci avait répondu qu'il était trop vieux pour trembler; qu'il faisait volontiers le sacrifice du peu de jours qu'il lui restait à vivre, et il refusa d'accéder à la sommation du duc. Le capitaine de Saint-Pol fut alors chargé de faire le siége de la ville; mais Henri III ayant envoyé du secours aux assiégés, il fut obligé de se retirer. Peu après, Rostaing ne put contenir les partis qui s'agitaient dans la ville, ni résister aux ennemis du dehors. Il abandonna la place, et les ligueurs y établirent leur domination. De grands troubles éclatèrent alors à Melun. Rouillard se refuse à les raconter. « J'ayme mieux couvrir, dit-il, cette piteuse tragédie du voile de mon silence que, pour la vouloir exprimer trop au naïf, rafraîchir les douleurs qu'il vaut mieux laisser, ni refriquer des ulcères auxquels la longueur du temps semble avoir induict quelque cicatrice (1). »

Henri IV mit le siége devant Melun au mois d'avril 1590, et il ne tarda pas à faire rentrer cette ville sous son obéissance.

Dans le cours de sa vie agitée, le comte de Soissons n'en habita pas moins, de temps en temps, sa terre de Blandy. Il y vint notamment en 1610, lorsqu'il se retira de la cour pour n'avoir pas voulu consentir à ce que la femme du duc de Vendôme, fils naturel de Henri IV, fût revêtue, au couronnement de la reine Marie de Médicis (13 mai), d'une robe semée de fleurs de lis, comme les princesses du sang avaient seules droit d'en porter (2).

(1) P. 632.
(2) *Mémoires du cardinal de Richelieu*, dans la collect. Petitot, 2ᵉ série, t. XXI *bis*, p. 43.

Il revint à Paris, mandé par la reine régente, le 17 mai, peu de jours après la mort de Henri IV, et montra du mécontentement de ce qu'on ne lui avait pas laissé le temps de joindre son consentement à celui des autres princes et du Parlement pour attribuer la régence à Marie de Médicis. On l'apaisa en lui donnant une pension de cinquante mille écus et la promesse du gouvernement de Normandie, ainsi que deux cent mille écus pour lesquels il était en contestation avec le duc de Savoie. En 1612, il eut un démêlé avec la reine régente à l'occasion du gouvernement de la place de Quillebeuf, qu'il voulait avoir. Il se rendit à Blandy. « Vers le 19 ou le 20 octobre, on eut avis, dit Pontchartrain dans ses Mémoires, que M. le comte de Soissons était tombé malade à sa maison de Blandy. Le 25 et le 27, M. le prince (de Condé) lui alla rendre visite, et l'on apprit qu'il était mort le dernier de ce mois, au grand regret de tous les bons Français. On peut dire que ce comte avait de belles et grandes qualités, quoiqu'il fût un peu bizarre. Sa maladie commença par un gros rhume sur le cerveau avec une fièvre lente, qui lui continua depuis le 14 jusqu'au dernier moment de sa vie (1). »

Fontenay-Mareuil ne juge pas aussi favorablement le comte de Soissons. « Il ne fut guère regretté, dit-il, ny des serviteurs du roy, parce qu'il vouloit faire la guerre, soit qu'il eût Quillebeuf ou non, sy on ne luy donnoit part dans la régence, ny mesme de la pluspart des siens,

(1) *Mém. de Pontchartrain*, collect. Petitot, 2ᵉ série, t. XVII, p. 14. Le cardinal de Richelieu dit que le comte de Soissons mourut le 1ᵉʳ novembre. C'est aussi la date que donnent le P. Anselme et la *Biographie universelle* (verbo Soissons). Il y a lacune pour l'année 1612 dans les registres de l'état civil de Blandy.

tant il estoit de mauvaise humeur et incompatible avec tout le monde (1). »

Quant à Henri IV, il s'exprimait ainsi en écrivant à Sully : « Mon amy, vous sçavez mieux que nul autre, car vous vous y êtes souvent employé, si je n'ay pas tousjours fait tout ce qui m'a été possible pour vivre en bonne intelligence avec mon cousin le comte de Soissons, et s'il m'a jamais été possible de tenir deux mois durant cet esprit-là en bonne humeur (2).... »

Du mariage du comte de Bourbon-Soissons avec Anne de Montafié était né un fils, Louis de Bourbon-Soissons, qui fut tué à la bataille de la Marfée, près de Sedan, le 6 juillet 1641, ne laissant que des enfants naturels (3). Du même mariage naquirent quatre filles, dont deux, étant mortes très-jeunes, n'auront pas à nous occuper.

Ajoutons que durant son veuvage la comtesse de Soissons prenait le titre de dame de Blandy (4); ce qui indique qu'elle eut cette seigneurie dans son douaire. C'est donc à tort que M. l'abbé Delaforge dit que Louis de Bourbon-Soissons fut, après la mort de son père, seigneur de Blandy (5). Le P. Anselme n'était pas tombé dans cette erreur.

Voici l'attitude que Fontenay-Mareuil prête à la comtesse de Soissons : « Quant à madame la comtesse, elle

(1) Collect. Petitot, t. L de la première série, p. 196.
(2) *Mém. de Sully*, même collect., t. II de la deuxième série, p. 369.
(3) « Le comte de Soissons, dit le P. Hénault, gagna la bataille, mais il fut tué sans qu'on ait jamais bien su par qui, ni comment. »
(4) Actes notariés, notamment de 1619 et 1640.
(5) *Notice hist. et top.* sur Blandy, p. 16.

conserva soigneusement les intelligences que le comte de Soissons avait avec M. le prince et autres de leur party, et ne s'accorda pas mieux que luy avec la reine; autant, à ce que quelques-uns ont creu, pour les jalousies qui arrivent ordinairement entre les femmes qui sont fort belles, que parce qu'elle se trouva d'humeur pour prendre le style de la maison et estre toujours contre la cour (1). »

Armes de la comtesse de Bourbon-Soissons (2).

(1) Collect. Petitot, t. L de la première série, p. 197.
(2) Écartelé de un et quatre d'argent à une étoile de gueules, chargée d'un croissant montant d'or; au deux et trois d'or au lion d'azur, armé et lampassé de gueules.

IX.

LA PRINCESSE DE CARIGNAN
ET LA DUCHESSE DE NEMOURS.

La comtesse de Soissons mourut à Paris le 17 juin 1644. L'aînée de ses filles était décédée avant elle. Cette aînée était Louise de Bourbon-Soissons, née à Paris le 7 février 1603. Elle avait épousé, en 1617, Henri II d'Orléans, duc de Longueville, qui joua un rôle si actif dans les troubles de la Fronde et dont la seconde femme surtout est devenue si célèbre sous le nom de la « duchesse de Longueville. »

Louise de Bourbon-Soissons était morte, en effet, en 1637, ne laissant qu'une fille, Marie d'Orléans Longueville, depuis duchesse de Nemours.

L'autre fille, née du mariage du comte de Soissons avec Anne de Montafié, était la princesse Marie, venue au monde à Paris le 3 mai 1606. Elle fut revêtue de l'habit de religieuse de Fontevrault le 3 avril 1610, n'ayant pas encore quatre ans. On obtint pour elle des bulles de coadjutrice, quoiqu'elle n'eût pas fait de vœux, et elle quitta Fontevrault en 1624 pour épouser, le 6 janvier 1625, Thomas-François de Savoie, premier prince de Carignan et cinquième fils du roi de Sardaigne, Charles-Emmanuel Ier.

Armes du prince Thomas de Savoie-Carignan (1).

(1) Écartelé au premier grand quartier contre écartelé au un d'argent, à la croix potencée et cantonnée de quatre croisettes d'or pour enquérir, qui est de Jérusalem; au deux burelé d'argent et d'azur de dix pièces, au lion de gueules, couronné et armé d'or, lampassé d'azur, à la queue fourchée et passée en sautoir, brochant sur le tout, qui est de Chypre; au trois d'or, au lion de gueules, armé d'azur, qui est d'Arménie; au quatre d'argent, au lion de gueules, à la queue retroussée, qui est de Luxembourg. Au deuxième grand quartier de pourpre, au cheval gay effrayé et contourné d'argent, qui est de Vestphalie; parti de Saxe, qui est fascé d'or et de sable de huit pièces, au crancelin ou couronne de sinople posée en bande et brochant sur le tout, enté en forme de triangle d'argent, à trois bouterolles de gueules, posées deux et un, qui est d'Angrie; au troisième grand quartier d'argent au lion de sable, l'écu semé de billettes de même, qui est de Chablais, parti de sable au lion d'argent armé et lampassé de gueules, qui est d'Aouste; au quatrième grand quartier cinq points d'or équipollés à quatre points d'azur, qui est de Genève;

En 1644, après la mort de la comtesse de Soissons, la terre de Blandy appartint indivisément à mademoiselle de Longueville, par représentation de sa mère, et à la princesse de Carignan.

Pendant la minorité de sa fille, et en qualité de son tuteur, le duc de Longueville administra cette terre conjointement avec le prince de Carignan, son beau-frère, stipulant au nom de sa femme (1). Celui-ci rendit hommage au roi de la seigneurie de Blandy le 26 septembre 1644 (2).

Le prince de Carignan se brouilla d'abord avec le cardinal de Richelieu, et servit les Espagnols contre la France. Il se réconcilia cependant avec ce grand ministre, et fut nommé généralissime des armées de France en Italie.

Le prix de cette réconciliation avait été une pension de cent mille livres au cardinal de Savoie, frère du prince Thomas, une pareille pension à celui-ci et une autre de soixante et dix mille livres, tant pour la princesse de Carignan, sa femme, que pour ses enfants.

La princesse de Carignan, qui était à Madrid avec ses cinq enfants, y fut retenue prisonnière. Elle n'eut que plus tard l'autorisation de revenir en France (3).

Sous la minorité de Louis XIV, le prince Thomas devint un fougueux partisan de Mazarin, et eut la charge

---

parti d'argent, au chef de gueules, qui est de Montferrat ; et sur le tout de gueules, à la croix pleine d'argent, et une bordure engrelée d'argent, qui est de Savoie-Carignan. — (*Note de M. Lacabane.*)

(1) Acte notarié du 25 juin 1651.
(2) Arch. de l'empire. S, 1181, n° 6.
(3) De Montfalcon, *Abrégé de la vie et des actions du prince Maurice-Eugène de Savoie.* Paris, 1677, in-12.

de grand-maître de France, à la place du prince de Condé, qui venait d'être déclaré criminel de lèse-majesté. Il mourut à Turin le 22 février 1656, laissant de fort mauvaises affaires. On voit, par un *factum* que nous avons trouvé dans les papiers de la mairie de Blandy, que la princesse de Carignan, sa veuve, plaida contre son apothicaire et son marchand de vin, pour ne pas payer leurs mémoires de ses deniers personnels, les repoussant comme dettes d'une communauté à laquelle elle avait renoncé (1).

Quelques années avant la mort du prince de Carignan, les troubles de la Fronde étaient venus agiter le royaume, et il est peu probable que, malgré la protection qu'auraient pu leur accorder les remparts de leur vieille forteresse, les pauvres habitants de Blandy n'aient pas beaucoup souffert du passage de l'armée des princes dans ces contrées. Nous voyons, par exemple, qu'au mois de décembre 1652 une enquête fut faite par un conseiller au siége présidial de Melun, et qu'il en résulta que les régiments des princes de Condé et de Conti, ayant forcé les portes du bourg de Champeaux, qui est à trois kilomètres de Blandy, y commirent des ravages considérables, tuèrent un habitant de ce bourg, en firent pendre un autre, en blessèrent et maltraitèrent plusieurs, se logèrent avec leurs chevaux et des femmes de mauvaise vie dans l'église collégiale, après en avoir brûlé la grande porte, prirent les vases et orne-

---

(1) *Factum* pour dame Marie de Bourbon, princesse du sang, veuve de M. le prince Thomas de Savoye, prince de Carignan, appelante, contre les créanciers de Pierre Singlin, intimez (trois pages in-4°). — Ce *factum* est signé de Me Reversé, avocat, et de Coquinot (procureur). Il semble que Boursault ait connu ce dernier nom lorsqu'il a retracé le rôle du procureur *Brigandeau* dans son *Mercure galant*.

ments, brisèrent la porte du trésor où étaient déposés les titres et papiers de cette église, en jetèrent une partie dans un puits, d'où on les retira pourris et illisibles, et une autre partie dans les rues du bourg.

Ces effroyables désordres avaient été commis lors de la retraite de l'armée du duc Charles IV de Lorraine, qui, à la tête d'une bande d'aventuriers et de mercenaires, s'était avancé jusqu'à Villeneuve-Saint-Georges, d'où il fut débusqué par Turenne (16 juin), et il fit sa retraite par Brie-Comte-Robert, ravageant les pays qu'il traversait. C'est la mémoire de ces désastres qui s'est perpétuée de génération en génération, et dont on parle encore à Blandy lorsqu'on dit « du temps de la guerre des Lorrains. »

La tradition rapporte que, pour échapper à cette dévastation, les habitants se réfugièrent dans le château, et cachèrent leurs effets les plus précieux dans le souterrain de la grosse tour.

Après la mort de son mari, la princesse de Carignan résida souvent à Blandy, où son souvenir n'est pas encore effacé. Elle avait eu deux fils, dont l'aîné, Emmanuel-Philibert, continua la branche des Carignan qui règne aujourd'hui en Piémont, et le cadet, Eugène-Maurice, épousa, au mois de mars 1657, Olympe Mancini, la seconde des nièces du cardinal Mazarin, « qui avait eu jusqu'alors, dit madame de Motteville, l'*honneur* d'occuper le roi. » A l'occasion de ce mariage, le cardinal fit revivre en faveur des époux le titre de comte de Soissons, qu'avaient porté l'aïeul et l'oncle maternels d'Eugène-Maurice.

Comme nous l'avons déjà dit en décrivant le château, une ancienne tradition du pays veut que le grand prince Eugène de Savoie, fils du comte et de la comtesse de

Soissons, y soit né. Ce fait est trop important pour que nous n'ayons pas essayé de l'éclaircir.

Toutes les biographies font naître le prince Eugène à Paris, le 18 octobre 1663; notre premier soin a donc été de rechercher si son acte de baptême se trouvait sur les registres de la paroisse de Saint-Eustache, dans l'étendue de laquelle était situé l'hôtel de Soissons. Nous ne l'y avons pas trouvé; mais, sur l'indication bienveillante de M. Ravenel, l'un des conservateurs de la Bibliothèque impériale, voici l'acte que nous avons extrait des registres des baptêmes de cette paroisse pour l'année 1668, fol. 38, aux archives de l'hôtel de ville de Paris :

« Du vendredi 17e février 1668,

« Furent supplées les cérémonies du bapteme de François Eugène de Savoye, né le 18e d'octobre 1663, fils de très haut et très puissant prince Eugène de Savoye, compte (*sic*) de Soissons, duc de Carrignan, colonel général des Suisses et Grisons, gouverneur et lieutenant général pour le Roy de ses provinces de Champagne et Brye, et de très haulte et puissante princesse madame Olympe Manciny son espouse, demeurant en son hostel à Paris. Le parrin (*sic*), Éminentissime Monseigneur François-Mario, cardinal Mancini, représenté par monseigneur le prince Thomas de Savoye, nepveu de son Éminence; la maraine, très haulte et puissante princesse Louyse Christine de Savoye, espouse de très hault et puissant prince de Baden; ont dit que son père est absent. »
— « Signé : THOMAS DE SAVOYE; LOUYSE DE SAVOYE. »

Un fait certain ressort de cet acte, c'est que le prince Eugène était né le 18 octobre 1663. Mais l'acte de baptême ne dit pas où...

N'est-il pas possible qu'il ait vu le jour chez sa grand'-mère, la princesse de Carignan, à Blandy, comme le prétend la tradition du pays ; que, l'intention de sa famille étant de le faire baptiser à Paris, il n'ait été qu'ondoyé à Blandy, où il a pu rester pendant ses premières années, puisque ce n'est que cinq ans après sa naissance qu'il a été baptisé ?

Il faut remarquer que les expressions « suppléer aux cérémonies du baptême » se disaient précisément pour un enfant qui avait été précédemment ondoyé.

Il est vrai qu'en consultant la *Gazette de France* de l'année 1663 nous y avons vu que, le 12 novembre de cette année, les ambassadeurs des cantons suisses dînèrent chez le comte de Soissons, qui était colonel général des Suisses, que le 14 ils vinrent complimenter la princesse de Carignan et les enfants du comte de Soissons, et que le 17 ils revinrent complimenter la comtesse, « qu'ils n'avoient pu voir plus tost à cause de ses couches. » Mais cette dernière circonstance ne prouve pas qu'elle ne soit pas accouchée à Blandy, car elle a pu revenir à Paris un mois environ après.

Reste donc la tradition qui s'est perpétuée de génération en génération jusqu'à nous. Elle est mentionnée sur un dessin du château fait par le célèbre graveur Wille, sous la date du 2 octobre 1777. Nous devons dire que les registres de l'état civil de Blandy ne nous ont fourni aucune lumière à cet égard.

Quoi qu'il en soit, la vie de la comtesse de Soissons fut mêlée à bien des intrigues, à la suite desquelles elle fut éloignée de la cour. Le 30 mars 1665, elle reçut l'ordre avec son mari de se retirer dans l'une de leurs terres (1).

---

(1) *Mém. de Mme de Motteville*. Collect. Petitot, t. XL, p. 231.

Ils se rendirent alors à Blandy, ainsi que l'atteste un acte de baptême où la comtesse de Soissons figure comme marraine à la date du 6 avril suivant, donnant son nom pompeux d'Olympe à la fille d'un simple paysan (1). Elle fut plus tard compromise dans l'affaire des empoisonnements.

Tandis que la princesse de Carignan habitait Blandy, il est bien vraisemblable que sa nièce, mademoiselle de Longueville, s'en tenait éloignée.

En effet, s'il faut en croire mademoiselle de Montpensier, ces deux princesses ne vivaient pas dans une parfaite

(1) Voici cet acte:

« Le saint jour de Pasques sixième apvril 1665 a esté baptisée Olimpe fille de Daniel Dufer et de Françoyse Galé ses père et mère, et tenue sur les saints fonts de baptesme pour et au nom de madame la comtesse de Soissons, par monsieur de Bagnasque escuyer de son altesse et par mademoiselle de Berey (la qualité en blanc) de la dite dame comtesse de Soissons, laquelle a imposé le nom.

Signé Babouhot curé de Blandy, de Bagnasque,
Françoisse (*sic*) de Berey. »

La comtesse de Soissons ne figure pas, il est vrai, dans cet acte de baptême; mais comme elle y est représentée par deux personnes attachées à sa maison, on doit en tirer la conséquence que ces personnes l'avaient accompagnée chez la princesse de Carignan, à Blandy.

Le comte de Bagnasque, écuyer du comte de Soissons, était en même temps son ami. « Ce gentilhomme, dit de Montfalcon, auteur de l'*abrégé de la vie et actions de feu Maurice-Eugène de Savoie, comte de Soissons* (Paris, 1677, in-12), avait servi feu M. le prince Thomas, en qualité de l'un de ses écuyers et d'officier dans sa cavalerie, s'étant trouvé en plusieurs occasions où il avait fait paraître tant de cœur qu'il avait gagné l'estime et l'amitié de ce prince, comme ce prince avait gagné son zèle et son affection. Il eut autant de zèle et d'affection pour M. le comte de Soissons qu'il en avait eu pour monsieur son père. »

intelligence. A la mort de la comtesse douairière de Soissons, elles habitèrent d'abord ensemble l'hôtel de Soissons, qui leur avait été légué indivisément par leur mère et grand'mère; mais après quelques années elles plaidèrent l'une contre l'autre pour leur logement. Le parlement ordonna que l'on partagerait l'hôtel en deux, et que celle qui aurait la part la plus avantageuse récompenserait l'autre. Mais il paraît qu'en l'absence de la princesse de Carignan, la nièce s'empara de son appartement, d'où elle ne voulut sortir que sur l'ordre du roi; et madame de Carignan n'y put toutefois rentrer qu'en donnant 50,000 écus à la duchesse de Nemours (1).

Suivant mademoiselle de Montpensier, la princesse de Carignan était une femme laide qui avait pourtant bonne mine, l'air et le procédé d'une grande princesse. « Elle est libérale jusqu'à la prodigalité, ajoute-t-elle; elle a un train et un équipage fort grand; tout ce qu'elle a est magnifique. Elle a de l'esprit, mais point de jugement, ce qui fait qu'elle parle beaucoup et dit peu de vérités. Cela va à un tel excès qu'elle fait des contes même au delà du vraisemblable. Comme elle a été en Piémont et en Espagne, en liberté et en prison, c'est de ces lieux où elle invente tout ce qu'elle dit; du reste c'est une assez bonne femme..... Madame de Carignan a toujours ses poches pleines de confitures, et la reine me faisoit la guerre que je ne l'aimois que

---

(1) *Mém. de Mademoiselle de Montpensier*, col. Petitot, t. XLII, p. 349 de la deuxième série. — L'hôtel de Soissons avait été construit vers 1572, par l'architecte Bullant, pour Catherine de Médicis, sur l'emplacement où se trouve aujourd'hui la halle aux blés. Il n'en reste plus que la grande colonne monumentale adossée à l'un des côtés de cette halle. L'hôtel de Soissons était d'une grande magnificence.

pour qu'elle m'en apportât, sans que j'eusse la peine d'en charger mes poches (1). »

La princesse de Carignan mourut à Paris, le 3 juin 1692, dans sa quatre-vingt-septième année.

Quant à mademoiselle de Longueville, qui avait fait le coup de tête que l'on a vu, c'était une personne très-distinguée, qui nous a laissé d'intéressants mémoires sur la Fronde (2). Fille de Henri II, duc de Longueville, après la mort de sa mère, elle vit son père se remarier avec Anne-Geneviève de Bourbon, sœur du duc d'Enghien, qui fut depuis le grand Condé. Cette princesse n'avait que six ans de plus que sa belle-fille, mais elles différaient toutes deux par des caractères opposés. Autant la duchesse de Longueville était vive, passionnée, galante, autant mademoiselle de Longueville était modeste, sage, réservée. Aussi n'eurent-elles pas beaucoup de sympathie l'une pour l'autre.

Plein d'une admiration exclusive pour la duchesse de Longueville, M. Cousin se montre assez sévère envers sa belle-fille. Dans son remarquable ouvrage sur « la Jeunesse de madame de Longueville, » il dit, en parlant du mariage du duc de Longueville avec mademoiselle de Bourbon : « Il lui apportait pour belle-fille une personne presque de son âge, d'un caractère tout différent du sien, assez belle, spirituelle, mais dépourvue de toute sensibilité, qui devint bientôt le censeur de sa belle-mère et son en-

(1) Même collect., t. XLI, p. 51 de la deuxième série.
(2) Elle confia le manuscrit de ses mémoires, avant de mourir, à mademoiselle l'Héritier de Villaudon, qui les publia en 1709 (Cologne, in-12) Ils ont été réimprimés plusieurs fois depuis et notamment dans la collection Petitot, t. XXXIV de la deuxième série.

8.

nemie dans le sein de sa famille, et jusqu'auprès de la postérité, dans les mémoires aigrement judicieux qu'elle a laissés sur la Fronde. »

A ce portrait peu flatté M. Cousin ajoute ce trait, dans un article du *Journal des Savants* du mois de mai 1853 : « Mademoiselle de Longueville était une personne pleine d'esprit, mais sans aucune bonté. »

Un témoin impartial des événements contemporains, un appréciateur intelligent et spirituel des personnages de cette époque, madame de Motteville, a rendu plus de justice au caractère de mademoiselle de Longueville : « Elle avoit, dit-elle, beaucoup d'esprit et de mérite. Sa vertu et la tranquillité de sa vie la mirent à couvert des orages de la cour; et quoique cette princesse ait porté le nom de frondeuse, la Reine, qui savoit le peu de liaison qui étoit entre elle et madame sa belle-mère, trouva qu'il étoit juste de la laisser en repos jouir de ses plus grands plaisirs, qui étoient renfermés dans les livres et dans l'aise d'une innocente paresse (1). »

Malgré des caractères si différents, la belle-mère et la belle-fille accompagnèrent le duc de Longueville, en 1646, au congrés de Munster, où la France était représentée encore par Servien et d'Avaux. Deux ans après, les troubles de la Fronde éclatèrent. Quoique frondeuse par position, mademoiselle de Longueville sut se concilier, comme on vient de le voir, l'estime des deux partis.

Avec ses goûts d'indépendance et malgré sa grande fortune, on pouvait croire que mademoiselle de Longueville n'était pas disposée à se marier. Au grand étonnement de la cour, elle épousa, en 1657, le duc de Nemours (2).

(1) Collect. Petitot, t. XXXIX, p. 17 de la deuxième série.
(2) Henri II de Savoie, duc de Nemours, dont il s'agit ici, avait

« Jamais, dit mademoiselle de Montpensier, il n'y eut mariage comme celui-là. Le cadet de feu M. de Nemours, qui étoit archevêque de Reims, avoit fort bien étudié; et certainement il étoit plus propre pour l'Église que pour le monde, et avoit toujours aimé sa profession; même il avoit été souvent sur le point de se faire prêtre. Depuis la mort de monsieur son frère, il étoit demeuré dans ces sentiments, et ne témoigna point vouloir changer de profession; aussi la mort de son frère ne lui apportoit-elle pas beaucoup d'avantage; tout le bien de France de la maison de Nemours étoit à ses nièces, et il ne lui étoit revenu que vingt mille écus par an de son apanage de Savoie. On le vit tout d'un coup se donner à faire la cour à mademoiselle de Longueville; tout le monde se moquoit de sa prétention, et on ne comprenoit pas que la plus riche héritière de France (elle a cinquante mille écus de rente) voulût épouser un cadet dont l'esprit étoit assez scolastique, la personne assez défigurée par une fâcheuse maladie à laquelle il étoit assez sujet, sans biens, sans établissements, ni sans considération : elle qui avoit prétendu au duc d'Yorck, dont on avoit parlé pour le duc de Mantoue, et qui a beaucoup d'esprit et de mérite. C'est une personne assez retirée du monde et qui mène une vie assez particulière. Cela donne plus de temps à faire des réflexions; ainsi on ne devoit pas juger par là qu'elle se marieroit mal à propos. Elle souffroit ce garçon, il soupoit tous les soirs chez elle : enfin, elle s'embarquoit furieusement. On demanda à

été nommé en 1651 archevêque de Reims, quoiqu'il n'eût pas été ordonné prêtre. Son frère aîné, Charles-Amédée, ayant été tué en duel par le duc de Beaufort, son beau-frère, en 1652, il renonça à l'état ecclésiastique, prit le titre de duc de Nemours et épousa mademoiselle de Longueville.

Rome la dispense, parce qu'il étoit parent. M. de Longueville, son père, la laissoit faire, et convenoit de tout. Le jour pris pour son mariage, M. de Longueville vint à Ivry, avec madame sa femme; elle s'y rendit, et M. de Nemours aussi; ils y furent trois semaines. On trouva des difficultés; sur quoi on crut l'affaire rompue. On sut que c'étoit qu'elle avoit traité son mariage avec le roi d'Angleterre (1) et qu'elle devoit l'aller trouver en Flandre, et que M. de Longueville lui donneroit trois millions de son bien. M. le cardinal (Mazarin) dépêcha à M. de Longueville, et lui manda qu'il avoit eu cet avis, et que le roi ne trouvoit pas bon cette affaire. M. de Longueville répondit qu'il n'en savoit rien; et que, pour marque de cela, il presseroit sa fille de conclure avec M. de Nemours : ce qu'il fit. Elle se maria et pleura beaucoup, à ce que j'ai ouï dire. La fièvre prit à M. de Nemours, lorsqu'il sortit de l'église, et il n'a pas eu un moment de santé depuis, et il ne me vint point voir à Saint-Cloud : il étoit à Bagnolet, où il prenoit du lait d'ânesse. J'ai demandé à la reine d'Angleterre (2) si cela étoit vrai; elle m'a fort bien dit que non, et que le roi son fils désavouoit d'avoir eu cette intention. Pour moi, je lui ai fait la justice de ne le pas croire, persuadée qu'un homme qui a songé à moi ne se rabattroit pas à mademoiselle de Longueville (3). »

Le duc de Nemours mourut le 2 janvier 1659. La duchesse, sa veuve, réunissait autour d'elle, comme avant son mariage, une société choisie, et plusieurs hommes de lettres y figuraient. Loret, depuis 1650, lui avait adressé

(1) Charles II.
(2) Henriette d'Angleterre, veuve de Charles Ier.
(3) T. XLII de la deuxième série, p. 182.

chaque samedi ses lettres en vers burlesques, sur les événements du temps. On les lisait dans le salon de la princesse, qui lui accordait une pension de 350 livres, et ils circulaient ensuite dans Paris. Scarron et l'abbé Cotin étaient aussi au nombre de ses commensaux. Madame de Nemours ayant eu quelques accès de fièvre, Cotin fit à cette occasion le sonnet qui commence ainsi et qu'il est censé adresser à la *princesse Uranie* :

> Votre prudence est endormie
> De traiter magnifiquement
> Et de loger superbement
> Votre plus cruelle ennemie.

Puis il appelait la fièvre *ingrate*, et conseillait à la princesse de mener aux bains son ennemie, *et de la noyer de ses propres mains*. Cotin achevait de lire ce sonnet, chez mademoiselle de Montpensier, lorsque Ménage y entra. La princesse fit voir l'opuscule au nouvel arrivé, sans lui en nommer l'auteur. Ménage trouva, non sans raison, que cette pièce était du plus mauvais goût. On sait la colère de Cotin et le parti que Molière a tiré, dans les *Femmes savantes*, de la dispute des deux auteurs (1).

Madame la duchesse de Nemours habitait alternativement la capitale et ses terres, parmi lesquelles Blandy tenait une place importante. Elle y vint notamment en 1686, ainsi que l'atteste une quittance de réparations faites à son appartement, « à cause de l'arrivée de la princesse. » Mais elle donnait la préférence à sa belle résidence de Coulommiers, beaucoup plus attrayante, il faut en convenir, pour une grande dame de la cour de Louis XIV que les tristes

---

(1) Acte III, scène II.

murailles d'une vieille forteresse féodale (1). On était déjà loin du temps où André Duchesne pouvait parler ainsi : « Le fort château de Blandy, séjour et LIEU DE PLAISANCE ancien des ducs de Longueville (2). »

La duchesse de Nemours s'occupait beaucoup de l'administration de ses biens. On la crut avare, parce qu'elle était sagement économe, contre l'habitude des princes de ce temps. En 1694, elle fut reconnue souveraine des principautés de Neuchâtel et Valangin, en Suisse, par les États du pays, contre les prétentions du prince de Conti (3). Elle savait que trois puissances, la France, la Savoie et la Prusse, se disputaient par avance sa riche succession. Un jour, se trouvant tourmentée de cette idée, elle alla se confesser à un ecclésiastique qui ne la connaissait pas. Ce confesseur, apercevant qu'elle était très-irritée, lui conseilla le pardon des injures. « Non, mon père, lui dit-elle, je ne pardonnerai jamais à mes trois ennemis. — Et quels

(1) « Au commencement du XVIIe siècle, Catherine de Gonzagues, veuve d'Henri d'Orléans, duc de Longueville, dame de Coulommiers, bâtit au delà du Morin, un château remarquable par son étendue, l'élégance de son architecture, le nombre de ses statues, la beauté de ses parterres. Henri de Longueville, son fils (père de la duchesse de Nemours), y mit la dernière main. Cet édifice, auquel on accorde quelque ressemblance avec le palais du Luxembourg, à Paris, coûta des sommes immenses. Louis XIII et son épouse, Anne d'Autriche, le visitèrent en 1631, et madame de Lafayette le célébra dans sa *Princesse de Clèves*. » Pascal, *Histoire du département de Seine-et-Marne*, t. II, p. 13. — Ce château fut démoli en 1737. Nous en connaissons les vues, gravées par Israël Sylvestre.

(2) *Les antiquités et recherches des villes, chasteaux et places plus remarquables de toute la France*. Paris, 1614, 1 vol. in-8°.

(3) On peut voir, pour les détails de cette affaire, l'*Art de vérifier les dates*, éd. de 1770, t. II, p. 542.

sont-ils? — Le roi de France, le duc de Savoie et le roi de Prusse. » Le bon prêtre la crut folle, et ne fut détrompé que lorsqu'en sortant de l'église il aperçut la suite et les équipages de la princesse.

On lit, dans les Mémoires de Dangeau (1), qu'au mois de janvier 1700 la duchesse de Nemours, étant en procès avec le prince de Conti, et ayant refusé de changer un gouverneur qu'elle avait nommé dans sa principauté de Neuchâtel, et qui déplaisait au roi, fut exilée en sa terre de Coulommiers. « Elle en reçut l'ordre, dit Saint-Simon, et l'exécuta sans se plaindre avec une fermeté qui tient encore plus de la hauteur, et de ce lieu agit dans ses affaires avec la même vivacité et aussi peu de mesure contre le prince de Conti, sans qu'il lui échappât ni plainte, ni reproche, ni excuse, ni le moindre désir de se voir en liberté. A la fin on eut honte de cette violence, qui durait depuis trois ans sur une princesse de plus de quatre-vingts ans, et pour les affaires de son patrimoine. Elle fut exilée sans l'avoir mérité, elle fut rappelée sans l'avoir demandé (janvier 1704). Elle vit le roi deux mois après, qui lui fit des honnêtetés et presque des excuses (2). »

Pendant son exil à Coulommiers, la duchesse de Nemours donna une marque d'intérêt à ses vassaux de Blandy.

L'archevêque de Sens avait cru devoir, par son ordonnance du 13 juillet 1702, transférer les fêtes de

(1) Nouveaux mémoires de Dangeau, à la suite de l'*Essai sur l'établissement monarchique de Louis XIV*, par Lemontey, éd. de 1818, p. 555.

(2) *Mémoires de Saint-Simon*, t. VII, p. 169 de l'éd. de 1847, in-18.

saint Matthieu et de saint Maurice, jours où tombent la foire et la fête patronale de Blandy, aux deux dimanches qui suivent le 21 et le 22 septembre, froissant en cela des habitudes immémoriales, qui veulent que ces fêtes soient célébrées à Blandy les jours de la semaine où elles arrivent. La duchesse obtint un arrêt du parlement, à la date du 3 août 1702, qui ordonna que l'ancien état de choses serait conservé (1).

La duchesse de Nemours mourut à Paris, le 16 juin 1707, à l'âge de quatre-vingt-deux ans, ne laissant pas d'enfants. Comme nous l'avons dit, sa tante, la princesse de Carignan, avait été copropriétaire avec elle de la terre de Blandy; mais cette indivision avait cessé par un partage, en date du 5 avril 1688, qui attribua la terre de Blandy à la duchesse de Nemours.

Cette princesse, qui voyait s'éteindre en elle la maison d'Orléans-Longueville, avait fait quitter l'ordre de Malte à son cousin-germain, Louis-Henri, fils naturel de Louis de Bourbon, comte de Soissons, lequel était né au mois d'août 1640, et avait été légitimé par lettres du roi Louis XIV, du mois d'août 1643. Il épousa en 1694 Angélique-Cunégonde de Montmorency-Luxembourg, et la duchesse de Nemours lui donna, par son contrat de mariage du 6 octobre de la même année, la terre de Blandy, mais en nue propriété seulement et en s'en réservant l'usufruit. Aussi continua-t-elle jusqu'à sa mort de prendre le titre et d'exercer les prérogatives de dame de Blandy.

A peine la duchesse de Nemours fut elle décédée que

---

(1) Voir aux pièces justificatives, numéro XIV.

la terre de Blandy fut vendue par ses héritiers au maréchal duc de Villars.

Cette princesse a donc été la dernière propriétaire de cette terre se rattachant par des liens de parenté à l'ancienne maison des vicomtes de Melun, et il nous paraît digne de remarque que, depuis le milieu du douzième siècle et probablement en remontant plus haut encore, cette châtellenie soit restée jusqu'en 1707 dans la même famille, sans avoir subi aucune aliénation (1).

(1) Il existe deux beaux portraits de la duchesse de Nemours ; l'un a été gravé par Nanteuil. Mademoiselle de Longueville y est représentée dans tout l'éclat de la jeunesse. Scudéry a inscrit au bas le quatrain suivant :

> Elle est du sang des rois cette illustre personne
> Qui fait voir sous ses pieds les vices abattus ;
> Et le pompeux éclat de leur riche couronne
> Brille moins que l'éclat de ses rares vertus.

L'autre portrait a été gravé par Drevet, d'après Rigaud. La duchesse de Nemours y est représentée dans sa vieillesse et lorsqu'elle était souveraine des principautés de Neuchâtel et Valangin.

X.

LE MARÉCHAL DE VILLARS
ET LE PRINCE DE MARTIGUES, SON FILS.

Le maréchal de Villars avait acheté en 1705, des héritiers Fouquet, la magnifique terre de Vaux le Vicomte (1),

(1) Par contrat passé devant Tabouré et Lemoine, notaires à Paris, le 29 août 1705. Les vendeurs étaient « dame Marie-Madeleine de Castille, veuve de messire Fouquet, ministre d'État, surintendant des finances et procureur général du roi, héritière bénéficiaire de messire Louis-Nicolas Fouquet (son fils aîné), vicomte de Melun et de Vaux, en présence et de l'agrément de messire Charles-Armand Fouquet, prêtre de l'Oratoire et supérieur du séminaire de Saint-Magloire ; de Messire Fouquet, marquis de Belle-Isle, et de dame Marie-Madeleine Fouquet, épouse de Messire Emmanuel de Ballaignier de Crusol d'Uzès, marquis de Monsalet, habiles à se porter héritiers dudit sieur Fouquet, fils aîné. » — Nous avons pensé que cette indication de la famille du célèbre surintendant ne serait pas sans intérêt. Fouquet avait racheté la vicomté de Melun des descendants de Guy-Arbaleste. Parmi les priviléges qu'il s'était fait attribuer, par lettres patentes, en cette qualité, se trouvait le droit d'établir des voitures publiques de Melun à Paris et de Paris à Melun.

si célèbre par les fêtes et la disgrâce de ce surintendant, et il lui donna son nom. Pour agrandir ce domaine, il y réunit en 1707 (1) la terre de Blandy, et avec les autres terres qu'il y ajouta il en composa son duché-pairie.

Nous avons dit précédemment quelles dévastations le maréchal de Villars fit subir au château de Blandy lorsqu'il le transforma en ferme. Les chapelles dédiées à Notre-Dame, dues à la piété d'Adam II, vicomte de Melun, et de Guillaume de Tancarville, furent supprimées (2). Lorsqu'on procéda à leur démolition, on trouva dans les fondations beaucoup d'ossements qui semblaient indiquer qu'elles avaient servi de sépulture à plusieurs personnes appartenant probablement aux familles des anciens seigneurs de Blandy. Ces ossements furent jetés dans les fossés, parmi les décombres et avec peu de décence, s'il faut en croire une supplique adressée par les habitants de Blandy à la maréchale de Villars (3). La translation du service de la chapelle fut opérée dans celle du château de Vaux le Villars, par sentence de l'officialité de Sens du 13 septembre 1730, dont l'exécution fut ordonnée par décret de M. l'archevêque de Sens (4). Les chapelains s'y opposèrent, mais en vain. Le curé de Blandy et les habitants ne firent aucune résistance à cette translation. Ce ne fut qu'en 1746, lorsqu'on voulut

---

(1) Par contrat passé devant Tabouré et Lemoine, notaires à Paris, le 3 juillet 1707.

(2) Antérieurement la ferme était en face du château ; le bâtiment où existe encore le pressoir en faisait partie.

(3) Dossiers de documents divers appartenant à la mairie de Blandy, pièce 10 du n° 67.

(4) Ordonnance de M. de Chavigny, archevêque de Sens, du 21 octobre 1730.

unir les deux titres en un seul, que le curé intervint. Il consulta le célèbre canoniste d'Héricourt, qui, par un avis motivé écrit en entier de sa main, lui donna le conseil de ne pas s'opposer à la translation déjà opérée depuis plusieurs années et à une union qu'il n'avait ni droit ni qualité pour contester, et l'affaire n'eut pas de suite (1).

Le maréchal de Villars, presque toujours à la guerre ou à la cour, ne paraît pas avoir habité souvent sa terre. Il ne s'était pas au surplus contenté de démolir en partie le château de Blandy, il détruisit aussi les belles cascades qui ornaient le parc de Vaux, et vendit pour 490,000 francs de plomb qui en provenait (2). Il mourut le 17 juin 1734, laissant son vaste et riche duché-pairie à son fils, Honoré-Armand, duc de Villars et prince de Martigues, qui devint ainsi seigneur de Blandy.

Nommé gouverneur de Provence, le prince de Martigues résidait habituellement dans cette province, et ne vint que très-rarement à sa terre de Vaux le Villars.

(1) La consultation de d'Héricout est du 28 décembre 1748; elle existe dans les papiers de la mairie.

(2) On peut voir, pour avoir une idée des magnificences de Vaux le Vicomte tel qu'il existait du temps de Fouquet, les gravures d'Israël Sylvestre, Perelle et Mariette. Le procès du surintendant, et particulièrement son interrogatoire du 7 mars 1662, présente des détails sur les dépenses qu'il y fit et que Colbert portait à 18 millions, en formant plus de 36 de notre monnaie.

XI.

LE DUC DE CHOISEUL-PRASLIN
ET SON FILS, DERNIER SEIGNEUR DE BLANDY.

Honoré-Armand de Villars, prince de Martigues, vendit sa terre de Vaux le Villars, par contrat passé devant Trutat et son confrère, notaires à Paris, le 27 août 1764, à César-Gabriel de Choiseul, duc de Praslin, ministre des affaires étrangères, et elle prit alors le nom de « Praslin » qu'elle conserve encore aujourd'hui.

Cette terre devint le siége du duché-pairie dont le duc de Praslin avait obtenu le titre en 1762. Il mourut le 15 octobre 1785. Ce seigneur avait aussi vendu pour 80,000 fr. de plomb provenant des cascades.

Le dernier seigneur de Blandy fut Charles-Regnard-Laure-Félix, duc de Choiseul-Praslin, fils et héritier de César-Gabriel. Il fut député de la noblesse d'Anjou à l'assemblée constituante, et possédait la terre de Praslin lors de la suppression de la féodalité, en 1789.

Mais on peut dire que depuis 1707 la châtellenie de

Blandy avait perdu son caractère historique. Devenue une simple ferme par la volonté intéressée du maréchal de Villars, la vieille forteresse des vicomtes de Melun n'obtint même pas les réparations qui auraient préservé pendant des siècles encore son donjon si majestueux, ses remparts si puissants, ses cinq tours si curieuses dans leur inégalité. Aujourd'hui, cet antique manoir des Tancarville, des Harcourt et des Longueville n'offre qu'une masse imposante de ruines, qu'il est facile cependant d'effacer par la pensée, pour revoir ce qu'il devait être à l'époque de sa force et de sa grandeur. Chaque année quelques pierres s'en détachent; mais il faudra bien du temps encore avant que ses dernières traces disparaissent et qu'il soit à jamais rentré dans le néant.

XII.

L'ÉGLISE.

Comme nous l'avons déjà dit, Blandy faisait partie, avant 1790, du diocèse de Sens, de l'archidiaconé et du doyenné de Melun. L'archevêque de Sens était collateur de la cure, c'est-à-dire que c'était lui qui nommait directement le curé. Celui-ci avait le droit de choisir ses vicaires, mais avec l'agrément de ses supérieurs ecclésiastiques.

Le dépouillement que nous avons fait des registres de l'état civil et d'autres documents nous a mis à même de connaître les noms de la plupart des curés et vicaires qui ont administré cette paroisse, au spirituel, depuis 1537 jusqu'en 1794.

Nous en donnons ici la liste, parce que les noms des pasteurs qui ont dirigé la conscience des fidèles ne sont pas sans intérêt pour l'histoire de la commune.

1537 Pierre Dorange, vicaire. 1542-1549 Jean Duval, curé.
           1542-1543 Crespin, vicaire.

1542-1551	Fuzelier, vicaire.	1640	Mouchel, vicaire.
1550	Jean Pelletier (1).	1640	Restout, id.
1551	Jean Thomin.	1647	Garnier, id.
1552-1593	Bassin.	1647	Binot, id.
1556	Senly (2).	1647	Bouligny, id.
1562-1573	Chenoy, vicaire.	1660	Babouhot, prieur de Vannoise, curé.
1553-1613	Legrand, curé, chanoine de Champeaux.		
		1665-1692	Robert Boutillier, bachelier de Sorbonne, curé.
1564	Perigault, vicaire.		
1594	Moreau, id.		
1594	Durot, id.	1668-1671	Jeheulé, vicaire.
1595	Gouteau, id.	1671	Heuqueville, vic.
1601	Guignon, id.	1672-1675	François Crespin, id. (3).
1613-1618	Delestang, id.		
1618-1622	Jean Cécile (Anglais), aumônier de la reine de France, doct. en théologie, curé.	1693-1735	François Puissant, bachelier de Sorbonne, doyen rural au détroit de Melun, curé.
1622-1653	Turnor (Anglais), curé.	1735-1764	Esnault, prêtre du diocèse de Coutances, curé.
1619	Pierson, vicaire.		
1624-1626	Le Tellier, vicaire.	1764-1776	Laisné, curé.
1629	Touscher, id.	1776-1794	Becquet, curé.

On a pu remarquer, dans cette nomenclature, deux ecclésiastiques anglais qui ont rempli les fonctions de cu-

(1) Lorsque nous n'ajoutons pas au nom la qualité de curé ou de vicaire, c'est que nous n'avons pu la découvrir.

(2) Le curé de Blandy ne figure pas parmi ceux de l'état de l'église qui ont assisté au procès-verbal de la coutume de Melun, du 17 avril 1558, d'où nous croyons que la cure était alors vacante.

(3) A partir de cette époque nous n'indiquons plus les vicaires, parce que les registres de l'état civil étant lisibles et bien tenus, il sera facile de s'y reporter.

rés de Blandy. L'un, Jean Cécile, dont le nom apparaît pour la première fois dans les registres de l'année 1618, prend le titre d'aumônier de la reine de France, qui était alors Anne d'Autriche, femme de Louis XIII; l'autre, nommé Turnor, semble lui avoir succédé en 1622. Il est vraisemblable que ces ecclésiastiques avaient quitté leur pays à la suite des persécutions que Jacques Ier fit peser sur les catholiques, et qu'ils reçurent de l'emploi en France, comme beaucoup d'autres de leurs compatriotes.

Parmi les curés, il en est un dont la mémoire ne doit point être oubliée, car il a laissé une marque de sa bienfaisance à ses paroissiens. Nous voulons parler de M. Puissant, qui a fondé, le 29 juillet 1715, l'établissement de deux sœurs de l'instruction et charité chrétienne de Nevers, pour demeurer à perpétuité à Blandy, y avoir soin des malades, apprendre à lire, etc., aux filles, le tout gratuitement, moyennant 400 livres de rente. En 1726 le même curé acquit une maison pour le logement des deux sœurs et la classe. Plus tard encore, il porta la rente à 767 livres, ainsi qu'on le voit par l'ordonnance de l'archevêque de Sens du 18 novembre 1743 (1). Ce curé résigna ses fonctions le 29 août 1735, en cour de Rome, en faveur de M. Esnault, moyennant une rente annuelle et viagère de 500 livres. Cet arrangement fut agréé par le pape.

Le curé ou son vicaire lançait de temps en temps des monitoires canoniques et des excommunications du haut de la chaire. Le registre de l'état civil de l'année 1617 nous en montre un exemple remarquable (2). Nous insé-

(1) Papiers de la mairie, pièce 15e du n° 67.
(2) On se demanderait comment il se fait qu'un registre des

rons ici ce sermon, comme une peinture curieuse des mœurs de l'époque. Il est écrit de la main de M. Delestang, vicaire.

« Messieurs, vous scavez que nous avons admonesté par trois divers fois celuy ou ceulx qui sont coupables du faict contenu en la complaincte et lettre monitoire laquel Claude Auvard a formé complaincte devant monsieur de Sens, nostre archevesque et preslat, laquelle vous a esté publiée par devant nous a son mandement, et qu'ilz vuislent (viennent) a révélation et satisfaction, ce que n'ayant faict, ains comme rebelles et obptinees pecheurs ont comtemné et mesprisé nostre admonition et defaict, ilz font en cela pire mille fois que des diables enchenez. Car nous lisons en toute la saincte Escripture et en beaucoup d'auteurs que les diables ont tant en horreur la sentence admonitoire qui en en entendant parlé ilz tremblent et ne scavent qu'ilz font. S'il est ainsy, chrestiens, que les diables tremblent de la censure ecclésiastique, qu'ils n'esperent aucun salut ny de joyr jamais de la béatitude, il tremblent toutefois entendant parlé de ceux qui en sont coupables n'en ont autant apprehension ne s'en soucie point et ainsy faisant sont pire que les diable. L'Eglise catholique, nostre mère, prie pour tout le monde, pour le Turc, pour les scismatiques et hérétiques; mais elle ne prie point jamais pour les excommuniez, parceque il n'y a aucune esperance de salut. En un mot, l'excommunier est comme la branche de l'arbre seiche qui ne rapporte aucun fruict,

naissances ou des mariages contienne une pièce de cette nature, si on ne savait qu'avant l'ordonnance de 1667 les ecclésiastiques écrivaient sur les registres de l'état civil beaucoup de détails étrangers aux actes qu'ils avaient pour objet principal de contenir.

et ne sert plus que à mettre au feu. Tout du mesme l'excommunié ne peut apporter aulcun fruict, et toutes ses œuvres, ny toutes ses prières ne luy servent de rien, ilz le conduisent plus tost en enfer que en paradis et mourant en ceste estat, il est damné eternellement en enfer avec tous les diables. Nous avons une si belle exemple en l'évangile St. Mathieu où il est dict : *Quid enim prodest homini si mundum universum lucretur anime vero sue detrimentum patiatur.* Mais que profite à l'homme si gaingne tout un royaume et que n'a près son trépas, son corps et son ame bruslé continuellement en enfer? Et que profite à ceux qui sont coupables de faict de la sentence monitoyre et que leur ame soit damnée incessamment avec les diables? Vous estes pour le présent enfant de Dieu et vous seriez enfant de Lucifer. Mes frères, mes amis, vous voulez vous damner pour si peu de chose. Les biens ne sont rien, et cependant je voy qu'il n'y a plus d'espérance en vous. Je voy que vous voila prest à tomber en enfer. Les coupables, les obptinez ont desja un pied dans les enfers. Je voye les diables qui leur ont desja saisy le cœur. Ils ne parlent plus, il ne disent plus mot, les voilà damnez éternellement. Il ne fault point prié Dieu pour eux non plus que pour un diable, dit St. Augustin qui est mon pleige.

« Or nous sommes bien asseurez que les excommuniez sont damnez mourant en tel estat; c'est pourquoy il ne fault poinct prié Dieu pour ceux qui nous constrainct à nostre grand regret de les excommunier et priver de la compagnie de l'Eglise, je leur deffend l'assistance au service et à la participation des sacrementz, et à vous de ne les saluer ny hanter ny boire ny manger avec eux, et de la sentence de l'Eglise je les déclare pour excommuniez. »

Le curé recourait aussi à l'autorité de l'officialité de Sens pour obtenir le redressement des torts qu'il croyait devoir imputer à ses paroissiens. Le 18 janvier 1698 cette officialité rendit une sentence contre Louis Boutet, huissier royal demeurant à Blandy, parce que, « depuis plusieurs années, il ne s'est pas mis en devoir de faire ses Pasques, ayant toujours esté dans un concubinage public qui, ayant causé un très grand scandale, et monseigneur l'archevesque de Sens en ayant esté averty, sa Grandeur auroit faict défenses au curé de l'admettre à la participation des sacrements. » Boutet était en conséquence condamné à produire à l'official, dans la quinzaine, la preuve de son prétendu mariage avec la nommée Desrue, et un certificat du curé constatant sa communion pascale, sous peine, après trois monitoires canoniques, d'excommunication.

Le même jour, pareille sentence fut rendue contre un nommé Couillaut, marguillier, parce qu'il n'avait pas été admis à faire ses Pâques, ayant pris part à un charivari, contrairement aux ordonnances de l'archevêque.

La cure de Blandy possédait quatre-vingts arpents de terre en toute propriété. En 1701 M. Puissant, curé, affermait le produit des terres et de la dîme au receveur de la seigneurie, moyennant la somme annuelle de 1550 livres en argent, et en outre cent boisseaux de blé, cent bottes de paille et un demi-cent de foin, du fumier, deux setiers de vesce, deux boisseaux de pois, six chapons gras, douze fromages, la provision de bois, le charriage du raisin des vignes à la foulerie, etc., à titre de redevances.

Ce revenu augmenta successivement par de nouveaux dons et par l'accroissement de la valeur du numéraire et du prix des fermages et des denrées. La moyenne de chacune des dix années écoulées de 1765 à 1775 fut de 8,414 livres, desquelles M. Lainé, curé à cette époque, déduisait, dans son compte, 3,000 livres par année pour les frais d'exploitation, ce qui faisait un produit net annuel de 5,414 livres.

Enfin, en 1790, le curé produisait aux membres du département et du district de Melun le compte du revenu brut des dix années précédentes, qu'il fixait à 9,883 livres en moyenne par année.

Le curé eut la prétention d'exiger le treizième agneau de chaque troupeau, droit qui, de gré à gré, pouvait être représenté par 40 sous pour chaque agneau. Il résulte d'une consultation de MM. Gerbier et Boudet, avocats au parlement, tous deux propriétaires à Blandy, en date du 20 décembre 1768 (1), que le curé n'était pas fondé à réclamer la treizième toison des bêtes oiseuses, dont il jouissait sur la paroisse de Châtillon.

L'église, placée sous le vocable de saint Maurice, est vaste et se compose de deux parties distinctes. La nef et le clocher remontent à la seconde moitié du quatorzième siècle, et sont dès lors contemporains du château; mais ils ont évidemment été remaniés au seizième siècle. Le chœur appartient au style gothique de cette dernière époque. A l'extrémité de l'abside se trouvaient trois croisées ogivales qui étaient d'un très-bel effet; elles avaient des vitraux peints, et ont été supprimées lorsqu'on a fait la sacristie actuelle et la boiserie du chœur.

(1) **Gerbier** possédait le domaine d'Aunoy, sur le territoire de Champeaux ; il l'avait acheté en 1754, et le revendit en 1775. Il fit reconstruire le château dans cet intervalle.

La longueur totale de l'édifice est de quarante-deux mètres, et sa largeur de onze mètres trente centimètres dans œuvre.

Le clocher est à quatre pignons; sa masse quadrangulaire est terminée par un toit à pignons peu aigus.

L'église a subi bien des réparations qui ont dû en altérer le caractère primitif. Le chœur appartient, comme nous venons de le dire, à la première moitié du seizième siècle; nous sommes porté à croire qu'il fut construit vers l'année 1550, époque où la marquise de Rothelin était dame de Blandy, et présidait au baptême des cloches.

L'église fut interdite, par ordonnance de l'archevêque de Sens du 3 décembre 1742, jusqu'à ce qu'on eût reconstruit le pignon qui sépare la nef du chœur. Le duc de Villars paya la plus grande partie de cette réparation, et l'interdit fut levé le 14 mars 1743. La chaire et les boiseries du chœur furent faites à la suite d'une visite pastorale de l'archevêque de Sens, au mois de juin 1745.

Des réparations furent opérées à la sacristie au mois de novembre 1765. Au mois de juin 1767 une assemblée des propriétaires de la paroisse arrêta que des réparations seraient faites à la nef; la délibération prise dans cette assemblée est signée par MM. Gerbier et Boudet, dont nous avons déjà parlé.

Enfin les bancs du chœur et du haut de la nef furent faits à la suite d'une visite de l'archidiacre, au mois de septembre 1769.

Le curé de Blandy prenait le titre de curé primitif de Châtillon sous Bretignoust, aujourd'hui Châtillon-Laborde. Il résulte, en effet, de divers titres, et notamment de lettres de Philippe le Bel, du vendredi devant la Circoncision de l'an 1308, que le sire de Châtillon amortit une pièce de terre et une masure contenant environ deux arpents de terre, situés à Châtillon en la paroisse de Blandy, pour la fondation d'une église à Châtillon (1). Antérieurement à cette époque le village de Châtillon ne formait qu'une paroisse avec celui de Blandy; mais il fut alors érigé en paroisse, au moyen de l'amortissement dont nous venons de parler et d'une rente de cent livres fondée par le seigneur. Depuis 1808, les deux villages de Châtillon et de Laborde, qui forment une seule commune, ont été de nouveau réunis à Blandy pour le culte.

On trouvait encore, sur l'ancien territoire de Blandy, la chapelle du prieuré de Roiblay, qui fait aujourd'hui partie de la commune de Champeaux.

Une tradition du pays rapporte qu'au seizième siècle l'église paroissiale de Blandy était devenue un temple protestant. Nous sommes porté à croire que cette tradition, qui a été recueillie par quelques auteurs (2), est er-

---

(1) Archives de l'empire, Trésor des chartres, reg. XLI. — Un inventaire de l'archevêché de Sens (t. I, fol. 160) porte : « An 1308, amortissement par le roy Philippe le Bel, confirmatif de plusieurs autres amortissements donnés par divers seigneurs inférieurs (dont les teneurs y sont transcrites) d'une masure et deux arpents de terre en dépendant assis à Chastillon, paroisse de Blandy en Brie, appartenant à M. Thibault de Chastillon, archidiacre de Pontieu, en l'église d'Amiens, qui y veult faire construire une église ou chapelle, en l'honneur de Nostre-Dame et de Saint-Louis (plus probablement Saint-Loup) et une maison pour le prêtre qui la desservira. Mars 1308, cote V, arch. de l'Yonne.

(2) Oudiette, *Dictionnaire des environs de Paris*. Paris, 1817, in-8° — Dulaure, *Histoire des environs de Paris*. Paris, 1825, 6 vol. in-8, au tome VI, § II. — L'abbé de La Forge, *Notice historique et topographique sur le château de Blandy*. Melun, 1841,

ronée, ou du moins qu'elle exagère singulièrement les faits.

Il est possible sans doute que les protestants, qui devaient affluer au château de Blandy et y trouver une espèce de forteresse, lorsque la marquise de Rothelin eut embrassé la réforme, se soient emparés de l'église paroissiale, comme ils firent surtout dans la partie de la Brie qui avoisine Meaux; mais, s'il en fut ainsi, ils ne durent la garder que bien peu de temps; car l'édit du 17 janvier 1562 prescrivait à tous ceux qui s'étaient mis en possession des églises d'avoir à s'en départir, et les chefs protestants adhérèrent à cette condition, moyennant laquelle on leur accorda une certaine tolérance. Plus tard, ils n'auraient pu y rentrer, la législation, lors même qu'elle leur fut le plus favorable, ne leur ayant jamais permis d'occuper des édifices ayant appartenu au culte catholique (1). L'examen des registres de l'état civil n'a pu nous fournir aucune lumière sur la question de savoir si, à l'exception de la marquise de Rothelin et vraisemblablement de quelques-uns de ses serviteurs, la religion protestante a été professée par des habitants de Blandy; car ces registres offrent des lacunes considérables de 1552 à 1572 (2). Peut-être ces lacunes viennent-elles à l'appui

---

in-8, p. 2. — Michelin, *Essai hist. sur le dép. de Seine-et-Marne.* — Pascal, *Histoire du départ. de Seine-et-Marne*, t. I, p. 117.

(1) Notamment la déclaration du 7 septembre 1568, celle d'avril 1571, l'édit de décembre 1606, qui ne permettait même pas de bâtir des temples près des églises, etc.

(2) **Les baptêmes** y manquent de 1552 à 1564 et de 1568 à 1572. Les mariages y manquent complétement de 1552 à 1572, sauf pour l'année 1567; et quant aux testaments, reçus alors par les curés et par leurs vicaires et qui tenaient lieu d'actes de décès,

de la tradition. Si le protestantisme a été professé à Blandy, ce dut être vers 1561, époque où il pénétra aussi à Melun (1).

Quant à l'église placée sous le vocable de saint Martin, dont on voit encore quelques restes à une extrémité du village, et qui aurait servi d'église aux catholiques pendant que les protestants exerçaient leur culte dans la vaste église paroissiale, c'était peut-être une chapelle remontant à l'époque où le monastère de Saint-Martin des Champs avait des propriétés à Blandy; mais aucun document écrit ne peut autoriser à croire qu'elle ait servi de paroisse pendant une période quelconque du seizième siècle.

Le culte cessa d'être célébré à Blandy, comme dans toute la France, pendant le règne de la Terreur. Nous avons relevé sur le registre des délibérations de la municipalité les actes qui concernent ces tristes circonstances. Ils doivent tenir une grande place dans l'histoire de la commune comme tableau de mœurs du temps.

Voici le premier de ces actes :

« Séance du 13 octobre 1793, l'an II de la République française, une et indivisible, quatre heures de relevée, nous, maire, officiers municipaux et procureur de la commune de Blandy, soussignés, assemblés en la maison commune dudit lieu, le procureur a dit qu'en vertu des décrets de la Convention nationale, qui enjoint à toutes les autorités constituées, corps administratifs et municipaux, de faire supprimer toutes les fleurs de lis et armoi-

---

ils offrent les lacunes suivantes : 1553 à 1555, 1558 à 1562, 1568 à 1572.

(1) Arrêt du parlement de Paris du 7 mars 1561 (1562), dans les *Mémoires de Condé*, t. III, p. 155.

ries, et tout ce qui tient à l'ancien régime, tant royal que féodal, et qu'ayant reconnu qu'il existait aux voûtes de l'église de cette commune plusieurs fleurs de lis et armoiries, ainsi qu'à l'aiguille du cadran, en conséquence, il aurait fait publier une adjudication au rabais cejourd'hui, dans toutes les rues et places publiques de ladite commune, afin de faire faire ladite suppression; et, ayant proposé ladite adjudication au corps municipal, il a été arrêté que ladite suppression serait faite dans le plus bref délai que faire se pourrait, aux clauses et conditions suivantes, savoir : l'adjudicataire sera tenu de supprimer les fleurs de lis et armoiries qui existent aux voûtes de cette église et aux murailles de l'intérieur d'icelle, sans aucune exception, sans qu'il puisse rester aucuns vestiges d'icelles, et fournir tout ce qui pourrait être nécessaire, soit équipages et matériaux qui peuvent être nécessaires pour faire effacer lesdites armoiries et fleurs de lis. »

Puis l'adjudication fut faite à un habitant qui s'obligea de mettre à exécution l'arrêté que nous venons de rapporter dans un espace de trois jours, moyennant la somme de trente livres.

Ce premier acte ne fut que le prélude de plus fâcheux encore.

Voici en effet ce que nous lisons sur le même registre :

D'abord un arrêté du 15 octobre 1793, par lequel il est décidé qu'en vertu du décret de la Convention nationale du 3 août précédent, portant qu'il ne serait laissé qu'une seule cloche dans chaque paroisse, et que le surplus était à la disposition du ministre, pour les faire convertir en canons; attendu qu'il existait quatre cloches à Blandy, la grosse cloche seule serait conservée, « vu qu'elle était le timbre de l'horloge, et que, ladite commune étant composée de plusieurs écarts, il était de l'intérêt, pour le bien public, de la réserver pour sonner les offices. »

C'est la cloche qui existe encore aujourd'hui. Les trois autres cloches furent portées au district, à Melun.

Nous trouvons ensuite un arrêté du vingtième jour du deuxième mois de l'an II (10 novembre 1793), portant que, pour se conformer à l'arrêté du district de Melun, en date du huitième jour dudit mois, « toutes les croix de fer existant, tant sur les places publiques que dans le cimetière de la commune, et même les propriétés particulières, seront arrachées et conduites à Melun. »

Enfin, le 17 germinal an II (6 avril 1794), un arrêté de la même municipalité procéda à l'adjudication du transport à Melun, conformément aux lettres de l'agent national et président du district, des linges, ornements de différentes étoffes, cuivre, fer et argenterie existant dans l'église et la sacristie.

Les ordres du district furent exécutés, et le 6 messidor de la même année (24 juin 1794), on inscrivit sur le registre des délibérations de la municipalité l'inventaire des objets ainsi portés à Melun. Parmi ces objets nous remarquons le cercueil de plomb de la marquise de Rothelin.

Après ces dévastations, l'église fut fermée. Quelques individus voulurent y établir une société populaire; mais le corps municipal eut le bon esprit de repousser leur demande en déclarant, par son arrêté du 21 messidor (9 juillet 1794), qu'il n'avait pas le droit de leur accorder l'autorisation qu'ils sollicitaient, et qu'il n'y avait que l'administration du district qui pût y consentir.

Mais, lorsqu'après le règne de la Terreur la Convention revint à de meilleurs sentiments, elle proclama la liberté des cultes (1), et les églises, fermées pendant près de dix-huit mois, commencèrent à se rouvrir. C'est avec une vive satisfaction que nous avons trouvé la délibération suivante sur le registre de la municipalité de Blandy.

« Cejourd'hui, 15 fructidor an III (1er septembre 1795), le conseil général des citoyens de la commune de Blandy s'est tenu en l'église dudit lieu, où étaient..... auquel le citoyen Laforge, officier municipal, a représenté que la majeure partie des citoyens de cette commune, ayant manifesté différentes fois leur désir de profiter de la faculté accordée par les lois, de l'exercice du culte catholique en cette commune, que déjà il a été tenu une assemblée parmi des officiers municipaux, dans laquelle il a été arrêté que le citoyen Becquet, ancien curé de Blandy, serait invité de venir exercer ce culte; que ledit citoyen Becquet y a consenti sous la seule condition qu'on lui donnerait pour son logement le ci-devant presbytère et le jardin en dépendant; que, voulant s'assurer davantage du vœu des individus de la commune à ce sujet, il a convoqué la présente assemblée, requérant les citoyens présents de délibérer tant sur la proposition du citoyen Becquet que sur la manière de procurer un autre logement au citoyen Gauthier, instituteur, qui habite pour le moment ledit presbytère. La matière mise en délibération, il a été d'une voix unanime arrêté que les soussignés, pleins de reconnaissance pour la loi qui leur permet la liberté du culte de leurs pères et du leur, le feront exercer dans l'église dudit Blandy; qu'à cet effet ledit ci-

(1) L'article 354 de la constitution du 5 fructidor an III (22 août 1795) était ainsi conçu : « Nul ne peut être empêché d'exercer, en se conformant aux lois, le culte qu'il a choisi. »

toyen Laforge, qui pourra s'adjoindre deux ou trois citoyens, se transportera à Melun, pour inviter ledit citoyen Becquet de venir en cette commune pour y exercer le culte catholique; qu'à cet effet les logement et jardin dudit presbytère lui seront fournis pour son logement et usage, ainsi que le pain et le vin pour célébrer l'office divin. »

Le maire, le procureur de la commune et un certain nombre d'officiers municipaux, quoiqu'invités de se trouver à cette assemblée, ne crurent pas devoir s'y rendre. Elle n'en est que plus honorable pour la très-grande majorité des habitants, qui formèrent en cette occasion le conseil général des citoyens de la commune, et pour ceux d'entre eux qui en prirent l'initiative.

Depuis lors le culte n'a pas cessé d'être célébré avec convenance et dignité à Blandy.

Nous terminons ce qui concerne l'église de Blandy par quelques mots sur l'établissement de charité qui y est annexé depuis un temps immémorial.

Il existait jadis en cette paroisse une maison de charité appelée aussi Hôtel-Dieu et un hôpital qui dépendait des ordres de Saint-Lazare et de Notre-Dame du Mont-Carmel. En 1675 cet hôpital avait pour directrice Judith Deshayes, dame de la Tour. Il paraît que des plaintes furent dirigées contre son administration; car nous trouvons, à la date du 31 mai 1675, un arrêt de la chambre des maladreries qui, à la requête des chevaliers des deux ordres que nous venons de mentionner, la condamna à se désister de la possession de cet hôpital (1).

La princesse de Carignan et la duchesse de Nemours,

(1) Arch. de l'empire, section adm., Z. 7580.

qui possédaient alors indivisément la terre de Blandy, et qui portaient intérêt à madame de la Tour, formèrent opposition à cet arrêt le 16 septembre suivant. Le 13 juin 1676, un arrêt de la chambre des maladreries ordonna, sur cette opposition, qu'il serait fait une enquête pour savoir de quelle manière l'hospitalité était exercée à l'hôpital de Blandy, envers quelles personnes, à qui les revenus étaient distribués, et depuis quel temps lesdites hospitalité et distribution étaient faites (1).

Nous ignorons quel fut le résultat de l'enquête. Tout ce que nous savons, c'est qu'il intervint, au mois d'août 1699, un arrêt du conseil portant union à la maison de charité de Blandy des biens et revenus de la maladrerie, « pour estre, les dits revenus, employés à la nourriture et entretien des pauvres malades de la dite maison de charité, à la charge de satisfaire aux prières et services de fondation dont peut être tenue ladite maladrerie (2). »

La maison de charité avait alors des lits pour les malades ; mais, en 1707, un incendie la détruisit. Elle fut reconstruite, et les lits furent transportés à l'hospice de Melun.

En 1715, M. le curé Puissant fit, en faveur de cet établissement charitable, la fondation dont nous avons parlé plus haut.

La maison de charité existe encore aujourd'hui ; son revenu annuel est d'environ 1500 francs. Elle est desservie par deux sœurs de l'ordre de la Présentation de la sainte Vierge, dont l'une soigne les malades à domicile, et dont l'autre tient l'école des jeunes filles dans la maison ; une troisième sœur vient de leur être adjointe pour diriger une salle d'asile.

(1) Arch. de l'empire, sect. adm., Z. 7581 et 7582.
(2) *Id., ib.*, X. 8683, fol. 331.

XIII.

LA JUSTICE.

Malgré tous les efforts faits par Rouillard « pour réfuter l'erreur auquel, de tout temps, ont esté et sont encore aucuns de Messieurs de Sens, de croire que le bailliage de Melun soit éclipsé du leur, qu'il leur soit subalterne (1), » il nous paraît certain que Sens, qui avait été, du temps des Romains, capitale de la quatrième Lyonnaise (*metropolis civitas Senonum*), avait des fonctionnaires civils, comme il en avait d'ecclésiastiques, supérieurs à ceux des autres villes de la même province. Il ne faut donc pas s'étonner si le bailli de Sens avait une certaine prééminence sur la justice de Melun. Il était, en effet, un des quatre grands baillis auxquels le roi Philippe-Auguste confia la suprême administration de la justice, par son ordonnance de 1190 (2).

(1) *Hist. de Melun.*
(2) *Ord. des rois de France*, t. I, p. 18. — M. Beugnot, *Essai sur les institutions de saint Louis*, p. 126.

Cette prééminence existait encore au quatorzième siècle. Nous voyons, en effet, par les ordonnances de Philippe le Long, du mois de juin 1321, et de Charles IV, du mois de novembre 1322, qui ont institué le marché et la foire de Blandy, que le bailli de Sens, ou son lieutenant, était chargé d'informer si on pouvait, sans préjudice pour le roi et pour autrui, faire ces créations; ce qui n'empêchait pas que le bailliage de Melun ne fût fort ancien et n'eût acquis, par la suite, une entière indépendance de celui de Sens.

La justice de Melun se partageait en justice royale et en justice seigneuriale.

Le vicomte, en effet, avait droit de juridiction. On voyait encore, en 1765, au-devant d'une place, dans la rue qui conduisait du pont à l'église Notre-Dame, les vestiges d'une chaire de pierre et gresserie en forme de siége, au-dessus de laquelle étaient les armes du maréchal de Villars et où se rendait anciennement la justice de la vicomté.

Le vicomte avait droit de haute, moyenne et basse justice dans l'étendue de la vicomté de Melun, sur ses censitaires.

Puis, et au-dessus, était le bailliage royal, d'où ressortissait le bailliage seigneurial de Blandy.

Les seigneurs de Blandy avaient droit de haute, moyenne et basse justice, ainsi que l'attestaient les fourches patibulaires existant sur les confins de la commune, auprès de l'Éguillon, et le pilori placé derrière le château.

« Au haut justicier, disait l'art. Ier de la coutume de Melun, appartient la connaissance des cas pour lesquels il y a peine de mort, mutilation de membres et autres peines corporelles, comme fustiger, pilorier, bannir, flestrir et marquer, et autres semblables, fors et excepté les cas royaux, des quels la connoissance appartient au juge royal seulement. »

Puis elle ajoutait : « Pilori et carcan, mis d'ancienneté, sont signes de haute justice. » (Art. III.)

La justice était administrée par le bailli, assisté de son greffier, en présence du procureur fiscal.

En 1685, le bailliage était ainsi composé :

Noble homme Jean Boutillier, licencié en droit, avocat au parlement, bailli, juge civil et criminel. Il était en même temps capitaine du château ;

Nicolas Boutillier, procureur fiscal et postulant (1) ;

Michel Jacob, commis procureur ;

Jean Pellechastre, greffier ;

Martin Massy et Charles Fortier, sergents, priseurs et vendeurs de biens.

---

(1) Il cumulait avec cette charge celle de notaire, et était très-proche parent du bailli. La famille Boutillier a occupé, pendant plus d'un siècle, un rang distingué à Blandy. Quatre notaires du même nom se sont succédé de 1616 à 1704. L'un d'eux, Clément Boutillier, qui remplissait en même temps la charge de greffier du bailliage, était père de M. Robert Boutillier, qui fut curé de 1665 à 1692, et de Nicolas Boutillier, procureur fiscal en 1685.

Voici les armes de cette famille :

« Nicolas Boutillier, procureur fiscal au bailliage de Blandy, d'azur à une fasce d'argent chargée de trois cerises de gueules tigrée de sinople et accompagné de six bouteilles d'or rangées trois en chef et trois en pointe. » *Bib. imp., armorial général, généralité de Paris*, fol. 569.

Nicolas Boutillier, en vertu de l'édit du mois de novembre 1696, avait fait sa déclaration et payé le droit de 20 liv. ; mais n'ayant pas envoyé d'armoiries, celles-ci lui furent octroyées par d'Hozier.

Lorsque le bailli était absent ou empêché, c'était le plus ancien procureur qui le remplaçait.

Les appointements que le bailli recevait du seigneur n'étaient que de 40 livres par année, auxquelles se joignaient, il est vrai, 150 livres comme capitaine du château, lorsqu'il réunissait les deux fonctions.

Le procureur fiscal avait 25 livres (1).

Il y avait auprès du bailliage un notaire ou tabellion, qui cumulait ordinairement cette charge avec celle de greffier.

Cet état de choses dura jusqu'au moment où Blandy fit partie du duché-pairie de Vaux le Villars.

Il y eut alors un bailli ayant juridiction sur toutes les terres dépendant du duché-pairie, et qui rendait la justice au château de Vaux. Ce bailli avait un lieutenant qui pouvait le remplacer.

Il existait auprès du bailliage du duché un procureur fiscal ayant un substitut à Blandy.

Le jurisconsulte Loyseau a montré tous les abus qu'entraînaient ces petites justices, qu'il appelle des *mangeries de villages*. « Pour avoir un méchant appointement de continuation de cause, dit-il, il faut saouler le juge et le greffier, et les procureurs de la cause, en belle taverne, qui est le lieu d'honneur, *locus majorum*, où les actes sont composez et où bien souvent les causes sont vuidées à l'avantage de celuy qui paye l'écot. » Quant aux causes criminelles, « il n'y a pas d'apparence, continue-t-il, que des juges guestrez, tels qu'ils viennent d'être dépeints,

---

(1) Bail notarié de la ferme, en date du 16 juillet 1694. Le fermier était tenu de payer les appointements de ces fonctionnaires.

ordonnent de la vie des hommes ; c'est chose notoire que la plupart des crimes demeurent impunis, pource qu'ils n'oseroient en faire justice, s'il ne plaist à leurs gentilshommes qui ont trop accoustumé de supporter les méchants, qu'ils appellent *gens de service* (1). »

Le bailli avait aussi la police du village. On appelait de ses sentences devant le Châtelet, ou siége présidial de Melun, qui lui-même relevait du parlement de Paris.

La juridiction du bailli s'étendait sur les dépendances de la seigneurie, qui étaient les terres des grand et petit Moysenay, le Monceau (2), Éguillon, Champigny (3), des Tréyans (4) et de Roiblay.

Les registres du bailliage sont déposés au greffe du tribunal de Melun, depuis l'année 1669 jusqu'en l'année 1712, époque où il fut incorporé dans le bailliage du duché-pairie de Vaux le Villars. Les registres antérieurs sont probablement perdus.

Les officiers du bailliage de Blandy étaient appelés aux assises du bailliage de Melun, lorsqu'elles se tenaient.

---

(1) *De l'abus des justices de villages*. — Loyseau écrivait ce traité sous le règne de Henri IV ; il fut imprimé pour la première fois en 1605.

(2) Aujourd'hui, hameau dépendant de Moisenay.

(3) Dépendant aujourd'hui de la commune de Crisenoy.

(4) Dépendant aujourd'hui de la commune de Bombon.

XIV.

LE SEIGNEUR.

—

Les seigneurs de Blandy avaient tous les droits de haute, moyenne et basse justice, dans l'étendue de la paroisse et dans celle des grand et petit Moisenay (1), le Monceau, hameaux et fermes en dépendant, le droit de haute justice dans la paroisse de Champigny. Ils possédaient les cens et rentes seigneuriales prises sur tous les héritages dépendant de la terre et seigneurie de Blandy et dépendances, avec les droits féodaux spécifiés par la coutume de Melun. Parmi ceux qui résultaient de titres particuliers, nous n'en avons remarqué aucun qui fût empreint d'un caractère odieux ou bizarre, comme il s'en rencontrait dans certaines localités.

Les archives de la commune ne nous ont procuré qu'une seule pièce relative à ces droits. C'est un règle-

---

(1) Il paraît qu'antérieurement le Monastère de Saint-Maur-les-Fossés était seigneur de Moisenay, ainsi qu'on a pu le voir par les lettres du vicomte Jean Ier, mentionnées ci-dessus, p. 34.

ment fait pour la police du four banal, le 24 janvier 1731, par le lieutenant du duché-pairie de Villars. Il enjoint aux habitants de faire cuire leurs pains au four du seigneur, sous peine de confiscation et autres, avec ordre de démolir, dans la huitaine, les fours qui avaient pu être construits dans les maisons particulières.

Le seigneur affermait le produit du four banal. Chaque habitant était tenu de déclarer par avance, au fermier, le nombre de boisseaux de farine qu'il avait dessein de cuire, et de lui payer 8 sous par chaque setier de blé converti en farine, 1 sou pour chaque boisseau de farine, mesure de Melun, et 12 sous du setier du petit pain de bourgeois.

Il y avait aussi deux moulins banaux, l'un à eau et l'autre à vent.

A l'église le seigneur avait à sa disposition deux des chapelles du chœur. Ses armoiries y étaient figurées; elles l'étaient aussi sur les lites qui entouraient la partie extérieure de l'édifice.

Nous terminerons cette histoire par le tableau récapitulatif des seigneurs de Blandy, depuis le milieu du douzième siècle.

LISTE CHRONOLOGIQUE

DES SEIGNEURS DE BLANDY,

DEPUIS LE MILIEU DU XIIe SIÈCLE.

Josselin, vicomte de Melun, vers............... 1150
Louis, son fils, vers....................... 1160
Adam II, fils de Louis, possédait Blandy en..... 1206
Guillaume II, fils d'Adam II, lui succède en..... 1217
    Héloïse, fille d'Adam II, lui succède aussi,
        dans une partie de la terre, en......... 1217
Adam III succède à son père Guillaume II en 1221
Guillaume III succède à son père Adam III en 1250
Adam IV succède à son frère Guillaume III en 1278
    Jean, seigneur d'Éprunes et de la Borde, frère
        de Guillaume III, lui succède aussi, dans
        une partie de la terre, en.............. 1278
    Marie, sa fille, femme de Jean de la Tournelle,
        seigneur de la Villette, hérita de cette partie
        de la terre, et la possédait en.......... 1335
    Jean, son fils, la posséda après elle, et en était
        propriétaire en..................... 1379
Jean Ier, comte de Tancarville, fils d'Adam IV, lui
    succède vers........................ 1304

Isabelle d'Antoing, seconde femme de Jean Ier, a dans son douaire la terre de Blandy, et devient dame de ce lieu en.................... 1350

Jean II, comte de Tancarville, fils de Jean Ier, succède à Isabelle d'Antoing, sa belle-mère, en... 1354

Jean III, comte de Tancarville, succède à Jean II, son père, en......................... 1382

> La partie de la terre de Blandy qui en avait été détachée au profit de Jean, seigneur d'Éprunes et de la Borde, et qui, après lui, avait appartenu à ses enfants, rentre dans le domaine.

Guillaume IV de Melun, comte de Tancarville, second fils de Jean II, succède à Jean III, son frère, avant........................ 1385

Marguerite de Melun, fille de Guillaume IV, lui succède en.......................... 1415

Jacques II de Harcourt épouse Marguerite, et devient seigneur de Blandy en 1417

> En 1422, la terre de Blandy, qui avait été confisquée par le roi d'Angleterre Henri V, est donnée par lui à Jean de Courcelles, seigneur de Saint-Liébaut.

Guillaume de Harcourt, comte de Tancarville, succède à son père en.................. 1423

Jeanne de Harcourt, comtesse de Tancarville, succède à son père en................(1). 1487

---

(1) Nous avons dit ci-dessus, p. 57, d'après le P. Anselme, t. V, p. 138, que Guillaume de Harcourt était mort le 27 octobre 1484. C'est le 27 octobre 1487 qu'il faut lire, le P. Anselme ayant lui-même relevé cette erreur dans ses *Additions et Corrections*, t. IX, p. 454.

François Ier d'Orléans, comte de Dunois et de Longueville, succède à sa cousine-germaine, Jeanne de Harcourt, en...................... 1488
Agnès de Savoie, veuve de François Ier d'Orléans, a la terre de Blandy dans son douaire, au décès de son mari, en...................... 1491
François II d'Orléans, premier duc de Longueville, fils de François Ier d'Orléans et d'Agnès de Savoie, rentre dans la possession de Blandy en............................... 1508
Renée d'Orléans, fille unique de François II, lui succède en...................... 1512
Louis Ier d'Orléans, frère puîné de François II, succède à sa nièce Renée en.............. 1515
Claude, fils aîné de Louis Ier, succéda à son père en. 1516
Louis II, frère puîné de Claude, lui succéda en.. 1524
François d'Orléans, marquis de Rothelin, succède à son frère Louis II en................. 1536
Jacqueline de Rohan, épouse du marquis de Rothelin, a dans son douaire la terre de Blandy en............................. 1548
Françoise d'Orléans, fille du marquis et de la marquise de Rothelin, et seconde femme de Louis Ier, prince de Condé, hérite de la terre à la mort de sa mère en................ 1587
Le comte de Bourbon-Soissons, fils de Françoise d'Orléans et du prince de Condé, succède à sa mère en........................ 1601
Anne de Montafié, épouse du comte de Bourbon-Soissons, a dans son douaire la terre de Blandy en................................. 1612
Marie d'Orléans, princesse de Carignan, fille, et

Marie d'Orléans-Longueville, duchesse de Nemours, petite-fille du comte et de la comtesse de Bourbon-Soissons, succèdent indivisément à cette comtesse en....................... 1644
La duchesse de Nemours, par un partage, devient seule dame de Blandy en................. 1688
Le maréchal de Villars achète la terre, à la mort de la duchesse de Nemours, en............ 1707
Le duc de Villars (Honoré-Armand), prince de Martigues, fils du maréchal, lui succède en... 1734
Le duc de Choiseul-Praslin (César-Gabriel) achète la terre en........................... 1764
Le duc de Choiseul-Praslin (Charles-Regnard-Laure-Félix), fils du précédent, lui succède en 1785
Il fut le dernier seigneur de Blandy.

PIÈCES JUSTIFICATIVES.

I.

Juin 1209.

Enquête faite et sentence prononcée par l'abbé de Saint-Jean en Vallée, le doyen et l'archidiacre de Chartres (1), *au mois de juin* 1209 (2).

In nomine sancte et individue Trinitatis, amen. N., Dei pacientia sancti Johannis de Valeia dictus abbas, W. decanus et H. archidiaconus Carnotenses, universis in Christo carissimis, presentes litteras casu quolibet inspecturis, salutem in auctore salutis. Universitati vestre presentium testimonio litterarum, pro facti exigentia, digne duximus declarandum, ad nos Innocentii, Dei gratia pape tertii, taliter emanasse mandatum : « Innocentius episcopus, servus servorum Dei, dilectis filiis abbati sancti Johannis et decano et majori archidiacono Carnotensibus, salutem et apostolicam benedictionem. Exhibita nobis dilectorum filiorum prioris et conventus sancti Martini de Campis conquestio patefecit quod O. presbyter de Nova Villa, nobilis vir vicecomes Meliduuensis et quidam alii, tam clerici quam laïci, Aurelianensis et Senonensis diocesum, super oblationibus, nemoribus, terris, decimis, quodam tractu decimarum et rebus aliis injuriantur eisdem. Insuper, Thomas et quidam alii, qui eorum ecclesie tenentur servilia opera exhibere, illos eisdem defraudare presumunt. Quocirca, discretioni

---

(1) *Archives de l'empire.* Section domaniale, S. 1344. Anciennes pièces, n° 11.

(2) L'enquête a été faite antérieurement au mois de juin 1209.

vestre per apostolica scripta mandamus, quatinus prefatum presbyterum, nobilem et alios, ut ab ejusdem prioris et monachorum indebita molestatione desistant, prefatos autem servos, ut eidem ecclesie deserviant ut tenentur, monitione premissa, per districtionem ecclesiasticam, appellatione remota, cogatis. Testes autem qui fuerint nominati, si se gratia, odio vel timore subtraxerint, simili censura, cessante appellatione, cogatis veritati testimonium perhibere, nullis litteris veritati et justitie prejudicantibus a sede apostolica impetratis. Quod si non omnes hiis exequendis potueritis interesse, duo vestrum ea nichilominus exequantur. Datum Rome apud Sanctum Petrum, XVII kalendas aprilis, pontificatus nostri anno nono (1). »

Hoc itaque mandatum apostolicum debita diligentia exequentes, nobilem virum vicecomitem Melidunensem, ad conquestionem prioris et conventus sancti Martini de Campis, convenientibus edictis sufficienter citavimus, predictis priori et conventui, juxta mandatum apostolicum nobis in hac parte commissum, sufficienter responsurum et juri pariturum. Qui vicecomes tandem ad dies a nobis sibi assignatos in propria apparuit persona, et fuit contra eumdem vicecomitem a priore et monachis coram nobis in jure propositum sub hac forma, quod monachi habebant octavam partem in nemore de Blanzi (2), sub eadem libertate qua et suam vicecomes possidebat portionem. Cum vero super hoc lis, juris ordine conservato, fuisset legitime contestata ab eisdem partibus, petito de calumpnia sacramento et prestito, ipse vicecomes in jure confessus est monachos beati Martini octavam habere in nemore portionem, libertatem ejusdem nemoris, quam monachi sibi propriam allegabant, penitus denegando. Nos vero, lite contestata ad probationem assertionis monachorum, super receptione testium super eadem libertate facienda diligenter, petentibus partibus et hoc volentibus, juris ordine conservato, legitime dedimus auditores, parcentes parcium laboribus et expensis. Cum vero fuisset a partibus super testibus producendis in jure renunciatum ad plenum, de voluntate partium et assensu, attestationes clausas ape-

(1) Date correspondant au 16 mars 1206.
(2) Il faut partout lire Blaudy. Cette dénomination de Blauzi pour Blaudy se trouve encore dans d'autres actes de la même époque.

ruimus et, partibus presentibus, easdem publicavimus diligenter, quarum attestationum dicta in hac presenti cartula continentur.

Testes prioris sancti Martini Parisiensis de Campis. — Gilebertus de Menpicen (1) juratus dixit quod ipse audivit a vicecomite Melidunensi, quod monachi sancti Martini de Campis in nemore illo, super quo contentio vertitur inter jam dictos monachos ex una parte et inter vicecomitem ex alia, octavam partem habebant. Dixit etiam quod ipse a jam dicto vicecomite quamdam partem prefati nemoris et quidam alii alia vice alteram partem ejusdem nemoris sine presentia monachorum de Campis emerunt. Preterea dixit quod ipse secunde venditionis socius fuerit. Adjunxit etiam quod jam dicti monachi convenerunt ipsum Gilebertum, ut ipse suam octavam partem emptionis quam fecerat redderet; quibus ipse respondit quod nichil eis redderet, quia vicecomes emptionem quam fecerat bene garantizaret. Inquisitus si vicecomes monachis suam partem reddidisset, dixit quod reddiderit. Dixit etiam quod, quadam vice post istas duas venditiones, vicecomes XII arpennos sepe dicti nemoris vendidisse et monachis de Campis vicecomitem ut eis suam partem octavam redderet convenisse (2), et quod vicecomes dixit eis ut ipsi monachi tantum de residuo nemoris venderent quod suam octavam partem haberent. Inquisitus quibus monachi vendiderunt, dixit quod Radulpho de Alneto (3) et Bertranno de Campellis (4). — Tiardus de Samesiis (5) inquisitus dixit idem, et adjunxit quod pluries audierit matrem istius vicecomitis deprecantem maritum suum ne aliquid de octava parte monachorum detineret. — Martinus de Gressio (6) dixit quod nichil sciebat. — Symon de Castele (7) inquisitus dixit idem quod Gilebertus, et adjunxit se a

---

(1) Gilbert de Mainpincien; ce hameau, qui fait partie de la commune d'Andrezel, canton de Mormant, a été considéré par les historiens de la Brie comme le lieu de naissance du pape Martin IV (1281-1285). C'est « l'opinion la plus admissible, » suivant les auteurs de l'*Histoire littéraire de la France*, t. XIX, p. 388.

(2) Ce texte est incorrect; le sens exigerait : *vendidit, et monachi de Campis... convenerunt.*

(3) Raoul d'Aunoy.

(4) Bertrand de Champeaux.

(5) Thiard de Samois.

(6) Martin de Gretz.

(7) Simon du Châtelet.

pluribus audisse quod vicecomes et prior sancti Martini de Campis in jam dicto nemore custodes suos solebant habere, et, quod ab uno illorum de venditione sive censiva nemoris illius (qui multum ad tempus, sicut asserit, solebat fieri) primum fiebat, ab altero firmum haberi. Dixit etiam quod audivit Gaustelier, filium defuncti Hoduini, dicentem quod ibat apud Fonteines ut daret plegios suos Manerio, tunc temporis sancti Martini de Campis camerario, de sua octava parte emptionis sepe dicti nemoris, quod a vicecomite Meledunensi comparaverat. — Radulphus de Alneto (1) inquisitus dixit idem per omnia quod Gilebertus. — Robertus Marcus inquisitus dixit se, tempore duorum vicecomitum, Joscelini scilicet et Ludovici, vidisse quod sancti Martini de Campis et sancti Salvatoris Melidunensis priores et vicecomites in nemore de Blandesel (2), super quo est contentio, custodes suos habebant, et quod a quolibet illorum primum fiebat a reliquis duobus ratum haberi. Dixit etiam quod Ludovicus vicecomes jam dictum nemus sine assensu monachorum de Campis Bernardo de Lulernis vendidit; quod scientes, monachi ad nemoris incisores venerunt et vadimonia sua assumpserunt, et postea Ludovico, regi Francorum, super hujusmodi injuria, quam vicecomes eis faciebat, clamorem fecerunt. Dixit etiam quod emptor nemoris, judicio Ludovici regis, de sua octava parte monachis de Campis plegios suos donavit. Inquisitus cui, dixit quod M. camerario. Inquisitus de loco, apud Fonteines. — Hoiricus de Fonte (3) inquisitus dixit idem quod Gilebertus, et adjunxit quod interfuit quando W. de Merrolis (4) et Nicolaus de Chastele (5), de mandato vicecomitis, Guillelmo camerario et priori sancti Salvatoris de sua octava parte nemoris istius, quod vicecomes eis vendiderat, plegios suos Meliduni donaverant. — Girelmus de Moseneto (6) inquisitus dixit idem de custodibus nemoris quod Symon de Chastele. — Ada mulier inquisita dixit quod Isenbardus, maritus suus, multum temporis de parte prioris de Campis prefati nemoris custos fuerit, et quod

---

(1) Raoul d'Aunoy.
(2) La partie orientale de Blandy s'appelle encore Blanduzel.
(3) Hoiric de Fontaine.
(4) W. de Marolles.
(5) Nicolas du Châtelet.
(6) Jérôme de Moisenay.

vademonia forisfactorum nemoris in domum suam pluries vidit apportare. — W. de Moseneto inquisitus dixit idem de custodibus nemoris quod Robertus Marcus, et de tertia venditione nemoris idem quod Gilebertus. — Testes prioris et conventus sancti Martini de Campis. Noel, cognomine Lucrator, inquisitus dixit quod ipse vidit Hisenbardum, patrem suum, multum temporis custodem et receptorem octave partis redditus sive processus nemoris illius, super quo contentio est inter priorem et conventum sancti Martini de Campis ex una parte et vicecomitem Melidunensem ex alia. Inquisitus sub cujus nomine, dixit quod de parte jam dicti prioris et conventus sancti Martini de Campis. Inquisitus de spacio temporis, dixit quod per decem annos ad minus. Adjunxit etiam quod ipse, post mortem patris sui, prefatum nemus de parte jam dictorum prioris et conventus sancti Martini de Campis custos extiterit; octave partis redditus sive processus ejusdem nemoris, sine contradictione Ludovici, patris hujus vicecomitis, receptor eorumdem fuerit. Inquisitus de spatio temporis, dixit quod per tres annos. Preterea, dixit quod post illos tres annos fuit quedam contentio super venditione jam dicti nemoris inter Ludovicum, patrem hujus vicecomitis, et jam dictos priorem et conventum sancti Martini, ita quod ipse, minatus a vicecomite, prefatum nemus non audebat intrare. Postea ita fuit inter eos pacificatum, quod ipse vicecomes precepit ei in foro Melidunensi, ut ipse de parte prioris et monachorum de Campis sepe dictum nemus custodiret et redditum illorum reciperet. Inquisitus de spatio temporis, dixit quod post mandatum illud custos et receptor redditus nemoris pro jam dictis priore et conventu sancti Martini de Campis per decem annos fuerit. — Theobaldus inquisitus dixit idem quod Noël, excepto de discordia, de qua dixit se nichil scire, et excepto de mandato L., patris hujus vicecomitis, de quo dixit se nichil audisse. — Testes pro monachis sancti Martini de Campis contra vicecomitem Melidunensem. Vicecomitissa inquisita dixit quod monachi sancti Martini de Campis habent octavam partem in venditione nemoris, super quo est contentio inter ipsos ex una parte et vicecomitem Melidunensem, filium suum, ex altera, in eadem libertate quam jam dictus vicecomes habet vel antecessores sui habuerunt, et quod audivit a Ludovico, marito suo, quod jam dictum nemus vendidit, quod prefati monachi habuerunt suam octavam partem. Inquisita a quo receperant, sive ab emptore sive a marito suo, dixit quod nesciebat a quo. Adjunxit etiam quod ipsa propria manu octavam partem cere de apibus melificatis, que in sepe dicto nemore invente fuerant, monachis sive famulis eorum multociens reddiderat. Inquisita si unquam viderit monachos vel famulos eorum interfuisse venditioni nemoris, dixit quod non, sed credebat quod ipsi vel famuli eorum deberent interesse. Inquisita de terra nemoris exertata, dixit quod debebant habere octavam partem campipartis et decime. — Mater vicecomitis, citata secundo, jurata, dixit quod maritus suus, pater hujus vicecomitis, ipsa vidente, pluries donaverit hospitibus suis et aliis unam vel plures quadrigatas nemoris, super quo est controversia inter priorem de Campis ex una parte et vicecomitem ex alia. Requisita si unquam vidisset quod maritus suus vel iste vicecomes unum arpennum vel dimidium vel etiam quartam partem unius arpenni jam dicti nemoris alicui sine assensu monachorum de Campis donasset, dixit quod non recolebat. Requisita si prior sancti Martini de Campis vel conventus ejusdem ecclesie suam octavam partem, quam dicuntur habere in prefato nemore, in propria persona, ea sciente, alicui unquam vendidissent, dixit quod quidam famulus mariti sui, qui tunc temporis sepedictum nemus custodiebat, promisit se marito suo de dicto nemore ducentas quadraginta libras donaturum, et maritus suus, antequam venditio fieret, accessit ad monachos de Campis, et emit partem suam ab eis quadraginta libras, sicut ei recognoverit. — Prior sancti Salvatoris inquisitus dixit quod monachi sancti Martini de Campis debent habere octavam partem in jam dicto nemore in eadem libertate qua vicecomes habet. Adjunxit etiam quod monachi jam dicti domine regine illustri Francorum pluries clamorem fecerunt de vicecomite Melidunensi, quoniam ipse, irrequisitis eis, predictum nemus vendiderat, et quod idem vicecomes per justiciam regine eisdem monachis satisfecerat. Dixit etiam quod iste vicecomes Melidunensis alia vice duodecim arpennos ejusdem nemoris sine assensu eorum vendiderat et pretium emptionis receperat et quod suam octavam partem monachis non reddidit, duos arpennos ejusdem nemoris ejusdem etatis, ut credebat, et valoris in presentia ipsius eis assignavit, quos prior de Campis ipso presente vendidit. Inquisitus de campiparte et decima terre exartate nemoris, dixit quod ipse vidit pluries quod prior de Campis suam octavam partem sine contradictione vicecomitis ad modiationem donavit. — Testes monachorum de Campis. Matheus de Moisineto (1) inquisitus dixit quod ipse vidit multociens famulos prioris sancti Martini de Campis jam dicti nemoris custodes; vidit etiam, quando nemus vendebatur, quod famuli monachorum de Campis octavam partem pretii emptionis ab ipsis emptoribus recipiebant. Adjunxit etiam quod W. abbas Cluniacensis, tunc temporis prior sancti Martini de Campis, duos arpennos ejusdem nemoris sine presentia vicecomitis vel alicujus famulorum suorum, contra duodecim quos vicecomes vendiderat et totum pretium venditionis receperat, Radulpho de Alneto (2) et Bertranno de Campesio (3) vendiderit, et quod idem Matheus pro Bertranno de Campesio de solvendo pretio emptionis eidem priori de Campis plegius fuerit. — Christianus de Moisineto (4) juratus dixit idem. — Jocelinus de Moisineto inquisitus idem dixit excepto de plegiatione. — Theobaldus de Moisineto inquisitus idem dixit de venditione duorum arpentorum jam dicti nemoris; sed inquisitus si unquam viderat famulos monachorum de Campis prenominati nemoris custodes, dixit quod non.

Testes vicecomitis. Decanus de Campellis (5) inquisitus dixit quod ipse petiit a vicecomite arborem quamdam in nemore de quo est contentio, et ipse concessit et ipse fecit eam adducere sine alicujus contradictione. Inquisitus dixit quod septem anni, ut credebat, erant transacti et non plus. Inquisitus si monachi de Campis vel famuli eorum viderunt vel sciverunt quando arbor illa emissa fuit a nemore, dixit se nichil scire. — Bemundus canonicus de Campellis (6) inquisitus dixit quod ipse a vicecomite Melidunensi et ab Ludovico patre suo et a famulis eorum de sepedicto nemore multociens emerit, et adjunxit quod nunquam in nemore illo de parte monachorum de Campis aliquem custodem vidit; preterea, dixit quod a multis audierat quod prior sancti

(1) Mathieu de Moisenay.
(2) Raoul d'Aunoy.
(3) Bertrand de Champigny.
(4) Chrétien de Moisenay.
(5) Le doyen de Champeaux.
(6) Bémond, chanoine de Champeaux.

Martini de Campis et prior sancti Salvatoris Melidunensis quartam partem habebant in venditione nemoris illius. Inquisitus si jam dicti priores, quando nemus venditum erat, suam partem emptionis ab emptore recipiebant, dixit quod nesciebat a quo, sive ab emptore sive a vicecomite. — S., presbyter de Castellario (1), inquisitus dixit idem quod Bemundus canonicus. — J. de Donnamaria miles (2) juratus dixit quod ipse vidit multociens nemus prefatum a vicecomite Melidunensi vendi, et audivit quod vicecomes precipiebat famulis suis quod ipsi priori de Campis partem suam emptionis redderent. Inquisitus si prior de Campis vel famuli sui alicui venditioni interfuissent vel plegiationem a vicecomite de sua parte venditionis recepissent, dixit se nunquam vidisse. — Jacobus de Fontenai miles (3) inquisitus dixit idem quod J. miles de Donnamaria. — Bertrannus miles de Ebula (4) inquisitus dixit idem. — Hubaudus li Eschans (5) inquisitus dixit idem. — Milo presbyter inquisitus dixit idem quod Bemundus canonicus de Campellis, excepto de parte predictorum priorum, de qua dixit se nichil scire. — G. presbyter inquisitus dixit idem quod J. miles de Donnamaria. — Droco clericus inquisitus dixit idem quod Milo presbyter. — Gauterus major de Sancto Merri (6) inquisitus dixit idem. — H. de Corteri (7) inquisitus dixit idem. — Radulphus de Campellis (8) inquisitus dixit idem quod J. miles de Donnamaria, excepto quod nunquam interfuit venditioni nemoris. — Theobaldus de Campellis (9) inquisitus dixit idem quod Bemundus canonicus de Campellis. — Constantinus inquisitus dixit idem. — W. de Merroles (10) inquisitus dixit quod ipse ultimam venditionem predicti nemoris a vicecomite emit et illi soli de emptione satisfecit. Inquisitus quando venditio illa facta fuerit, dixit

(1) S., curé du Châtelet.
(2) J. de Donnemarie, chevalier.
(3) Jacob de Fontenay, chevalier.
(4) Bertrand, chevalier d'Ébles. Probablement d'Yèbles, canton de Mormant.
(5) Hubaud peut-être des Écrennes.
(6) Gauthier, maire de Saint-Merry.
(7) H. de Courtry.
(8) Raoul de Champeaux.
(9) Thibaut de Champeaux.
(10) De Marolles. — Probablement Marolles sur Seine, canton de Montereau.

quod septem anni, ut credebat, erant transacti. — G. li Cevetier (1) inquisitus dixit idem quod B. canonicus de Campellis.— M. de Granchia (2) inquisitus dixit idem. — Auberious Forestarius inquisitus dixit idem quod J. miles de Donnamaria. — P. de Bosseria (3) inquisitus dixit idem quod B. canonicus de Campellis, excepto quod adjunxit quod ipse viderat servientem monachorum de Campis in arsato (*ou* arllato) prefati nemoris et recipientem partem suam campipartis de novalibus ejusdem nemoris.— G. de Bonbon (4) inquisitus dixit idem quod B. canonicus de Campellis. — H. de Bosseria inquisitus dixit idem. — O. de Bonbun inquisitus dixit quod ipse nunquam in nemore prefato vidit aliquem servientium jam dictorum monachorum custodem sive receptorem venditionis illius, sed vidit servientem vicecomitis Melidunensis in eodem nemore solum custodem et receptorem. — G. de Cevetus (5) inquisitus dixit idem quod O. de Bonbun. — Gilebertus de Corteri (6) inquisitus dixit quod nichil sciebat. — B. Tornator inquisitus dixit idem quod O. de Bonbun. — G. Gobio inquisitus dixit idem. — Andreas de Petra Gauteri (7) inquisitus dixit idem. — Hisenbardus de Chaunai (8) inquisitus dixit idem. — T. miles de Corpolai (9) inquisitus dixit idem quod B. canonicus de Campellis. — G. de Chaunai inquisitus dixit idem quod O. de Bonbun. — Droco Faber inquisitus dixit idem.— W. Arietis (10) inquisitus dixit idem. — Hisenbardus inquisitus dixit idem. — L. de Campellis inquisitus dixit idem. — Ramundus Faber inquisitus dixit idem. — Dongis inquisitus dixit idem. — J. de Casteillon (11) inquisitus dixit idem. — M. de Valle Vicecomitis (12) inquisitus dixit idem. — H. de

(1) G. le Savetier.
(2) M. des Granges.
(3) Boissise la Bertrand, canton de Melun-Nord.
(4) G. de Bombon.
(5) G. peut-être de Saveteux, commune du Châtelet.
(6) Gilbert de Courtry.
(7) André de Pierre-Gaultier, hameau de la commune des Écrenues.
(8) Isambert de Chaunoy.
(9) T., chevalier de Courpalai.
(10) Guillaume le Bélier.
(11) J. de Châtillon.
(12) M. de Vaux le Vicomte.

Blanzi inquisitus dixit idem. — A. de Castellon inquisitus dixit idem. — G. de Valle Vicecomitis inquisitus dixit idem. — B. de Blanzi inquisitus dixit idem. — G. de Castellon inquisitus dixit idem. — G. de Blanzi inquisitus dixit idem. — Stephanus de Blanzi inquisitus dixit idem. — Andreas de Blanzi inquisitus dixit idem. — G. de Blanzi inquisitus dixit idem. — F. de Blanzi inquisitus dixit idem. — G. de Blanzi inquisitus dixit idem. — T. de Nengis inquisitus dixit idem quod J. miles de Donnamaria. — R. de Sancto Germano (1) inquisitus dixit idem quod O. de Bonbun. — P. de Fruguch (2) inquisitus dixit idem. — Ramundus de Tribus (3) inquisitus dixit idem.

Testes pro vicecomite Melidunensi. Johannes li Gais miles inquisitus dixit quod ipse vidit patrem hujus vicecomitis Melidunensis multociens vendere nemus prefatum sine presentia monachorum de Campis vel famulorum eorumdem. Dixit etiam quod ipse propria manu multotiens pretium venditionis prefati nemoris recepit et octavam partem monachis de Campis, de mandato vicecomitis, reddidit. Inquisitus si emptores nemoris monachis vel eorum famulis de summa venditionis solvenda fidelitatem aliquam unquam fecerint, dixit quod non vidit. Inquisitus de campiparte et decima, idem dixit. — Henricus de Chauroure (4) miles inquisitus dixit idem quod Johannes miles, excepto de receptione venditionis. — Renardus de Castele inquisitus dixit idem. — W. Halechor inquisitus dixit quod ipse nunquam interfuit venditioni nemoris, sed audivit quod vicecomes sepe vendiderit sine presentia monachorum de Campis vel famulorum eorumdem. — Martinus de Poeli (5) inquisitus dixit idem quod W. Halechor. — Petrus Rolandi inquisitus idem dixit. — Libertus de Barra (6) inquisitus dixit quod ipse sepe vidit in nemore illo servientem vicecomitis qui custodiebat illud, et quod monachi de Campis non habebant in eo aliquem servientem, ut credebat. — Odo de Moisenai inquisitus idem dixit. — Martinus de Moisenai inquisitus

(1) R. de Saint-Germain-Laxis.
(2) P. de Fouju.
(3) Probablement le mot *Molendinis* passé. — « Trois-Moulins. »
(4) Henri de Chauroure. (Lieu inconnu.)
(5) Martin de Poeli. (Lieu inconnu.)
(6) Libert de la Barre. (Lieu inconnu.)

dixit idem. — Droco miles de Minciaco (1) inquisitus dixit quod ipse vidit multociens famulos vicecomitis custodientes nemus, super quo est contentio inter ipsum vicecomitem et priorem sancti Martini de Campis. Inquisitus si unquam viderat famulos dicti prioris custodes ejusdem nemoris, dixit quod non. Adjunxit etiam quod audierat dici a pluribus quod vicecomes jam dictum nemus vendiderat. Inquisitus si unquam alicui venditionum interfuerat, vel si audierat dici quod prior vel aliquis pro eo interfuisset, dixit quod non. — Radulphus de Alneto (2) inquisitus dixit idem de custodibus nemoris, et adjunxit quod ipse in propria persona partem jam dicti nemoris a priore sancti Martini de Campis sine presentia vicecomitis vel famulorum ipsius emit, et precium emptionis eidem priori solvit. — Teodus Cordarius des Escreines (3) inquisitus idem dixit per totum quod Droco miles de Minciaco. — Gauterus Cordarius des Escreines inquisitus dixit idem. — Matheus Cordarius des Escreines inquisitus dixit idem. — Theodus de Sancto Germano inquisitus dixit idem. — Evrardus de Sancto Germano inquisitus dixit idem. — Rogerus de Sancto Germano inquisitus dixit quod ipse (vidit) patrem hujus vicecomitis prefatum nemus vendere quando volebat, et pretium venditionis sine presentia monachorum vel famulorum eorum recipiebat. Inquisitus si ita de jure facere poterat, dixit quod nesciebat. Adjunxit etiam quod pater hujus vicecomitis unam quadrigatam ejusdem nemoris vel duas uni hospitum suorum vel alii pluries donavit, sed nunquam vidit quod donaret unum arpennum vel dimidium vel octavam partem. Dixit etiam quod redditus patris hujus vicecomitis multociens sesiti fuerunt de mandato domine regine pro octava parte precii venditionis nemoris quam monachi debebant habere, et quod emptores nemoris coacti fuerunt facere juramentum de quantitate precii emptionis, et quod vicecomes juxta veritatem eorum octavam partem precii emptionis monachis reddere cogebatur.

Tandem vero, attestationibus perlectis, easdem attestationes in scriptis redactas partibus dedimus eisdem, ad dicendum in testes

---

(1) Dreu, chevalier de Mincy. On écrit aujourd'hui Maincy.
(2) Raoul d'Aunoy.
(3) Thioud le Cordier, des Écreunes.

et dicta testium, dato congruo temporis spatio, dies partibus assignantes. Cum vero hinc inde fuisset super hoc diutius litigatum et allegationibus et disputationibus renunciatum in jure, et dies fuisset ad pronunciandum diffinitive partibus assignata, idem vicecomes audire sententiam recusavit et de suo consilio appellationem interjecit. Sane nos, prudentum virorum consilio satis vallati et, sicut credimus, sufficienter edocti, appellationi taliter interjecte minime duximus deferendum, tum quia nobis videbatur quod possessorium agebatur judicium, in quo non solent passim appellationes admitti, tum quia in rescripto domini pape erat appellatio prohibita, tum quia nullam causam rationabilem appellandi idem vicecomes allegabat appellans. Tandem vero, habito cum bonis consilio, per litteras nostras pluries et peremptorie convenientibus edictis eumdem vicecomitem citavimus, ut veniret sibi cautius provisurus et pro se vel contra se diffinitivam sententiam recepturus. Quia igitur idem vicecomes suam causam contumatia deseruit evidenti, que Dei presentia repleatur, parte monachorum semper in judicio permanente et diffinitivam pro se vel contra se sententiam requirente, adhibitis nobiscum viris quampluribus, Deum pre oculis habentes, attestationibus diligenter inspectis et allegationibus consideratis cum hiis que ad causam facere videbantur, quas allegationes inter cetera sub hoc autentico duximus inserendas.

In causa que vertitur inter vicecomitem Melidunensem et monachos sancti Martini de Campis, dicimus bene esse probatam intentionem monachorum per testes nostros et per testes adverse partis. Nam constat ex confessione vicecomitis et manifestum est quod ecclesia beati Martini habet octavam partem illius nemoris de quo agitur, quod vocatur Blandis, et quod habeat in eadem libertate in qua vicecomes habet suam partem, et hoc dicunt isti testes, scilicet vicecomitissa et prior sancti Salvatoris. Dixit etiam predicta vicecomitissa quod monachi habuerunt octavam partem de apibus mellificatis, et per ista probatur dominium illius octave partis libere ad ecclesiam sancti Martini pertinere, ita quod possit vendere et facere inde quod voluerit sine alicujus molestatione, cum ipse vicecomes nullam servitutem sibi deberi probet in illa octava parte. — Hoc etiam de jure communi probatur, etiam si solummodo de confessione ipsius constaret, nec testes aliquid dicerent de illa libertate : nam, de jure communi, omnis homo presumitur liber, nisi probetur servilis conditionis, et omne predium presumitur liberum nisi probetur debere servitutem ex aliqua constitutione vel tempore longissimo acquisitam, et hoc dicitur in Digesto ubi dicitur « quod licet unicuique altius extollere edificium suum quantum velit, nisi probetur debere servitutem domui vicini sui. » — Sic et hoc dicendum erit quod, cum fundata sit intentio nostra de dominio nostro, de quo constat per confessionem ipsius, libere etiam rem illam optineamus sine aliquo impedimento alicujus servitutis. — Accedit ad hoc quod predicti testes dicunt expressim quod debemus habere illam octavam partem in illa libertate in qua jam dictus vicecomes vel antecessores sui habuerunt suam partem. — Quod autem monachi possessionem habuissent illius octave partis in predicta libertate, probant isti testes, scilicet prior sancti Salvatoris, Matheus de Moisineto, Christianus de Moisineto, Jocelinus de Moisineto, Theobaldus de Moisineto. Isti omnes dicunt venditiones factas fuisse pro illa octava parte per illos de sancto Martino, ita quod famuli sancti Martini recipiebant precium ab ipsis emptoribus sine presentia vicecomitis vel alicujus famulorum suorum. — Quod autem ecclesia sancti Martini ibi custodes suos habuerit dicunt predicti testes, excepto priore et Symone de Chastele, Robertus Marcus, Girelmus de Moisineto et Ada mulier W. de Moisineto. Sed cautum est in jure quod ille possidet cujus nomine possidetur. Si ergo custodiebantur nemora nomine monachorum, monachi tunc possidebant. — Preterea, probatur quod quodam tempore vicecomes vendidit duodecim arpennos predicti nemoris, et monachis conquerentibus post ea super hoc satisfecit, assignando eis quamdam partem ad vendendum de illo nemore, et monachi vendiderunt, et ita fuit sibi satisfactum, et per hoc in sua possessione remanserunt, et hoc dicunt isti testes : prior sancti Salvatoris, Gillebertus de Menpicen, Tiardus, Henricus de Fonte, Radulphus de Arneto, Symon de Chastelle, W. de Moisineto. — Item aliquando fuit contentio super venditione predicti nemoris inter L. patrem istius vicecomitis et ecclesiam sancti Martini, et statim post ea pacificatus est vicecomes cum ecclesia sancti Martini, ita quod ipse precepit nuncio sancti Martini ut custodiret predictum nemus et de parte prioris et monachorum reciperet redditum illorum pro octava parte, et ipse recepit per decem annos, et hoc dicit Noel, cui concordat Teobaldus, in hoc scilicet quod per decem annos ita servatum fuit, scilicet quod ipse Noel custodivit nemus et partem monachorum. — Hoc pro parte nostra ad presens dicimus, sed contra suos testes proponimus quod prescriptionem non probant contra sanctum Martinum, nec ullam constitutionem servitutis factam vicecomiti ex parte sancti Martini vel antecessoribus ipsius. Et sciatis, domini judices, quod sui testes tantum negative loquuntur si bene inspiciantur. Dicunt enim quod non viderunt hoc et hoc et cetera. Item dicunt aliqui quod solus serviens vicecomitis illas venditiones faciebat, et constat quod hoc non solus negationem secum importat. Et propter hec et alia, que dicemus tempore oportuno et die data, petimus ut condempnetis vicecomitem prefatum ut dimittat nobis predictam octavam partem prefati nemoris in eadem libertate habere et quiete possidere in qua suam partem habet, et detis diem in qua, si oportebit, viva voce allegabimus adhuc, et dabimus etiam allegationes in scriptis, et postea procedetis ad sententiam diffinitivam.

Tandem, per diffinitivam sententiam, octavam partem nemoris, de quo questio vertebatur, cum octava parte decime et campipartis terrarum adjacentium predicto nemori exartatarum, que fuit ab eisdem monachis coram nobis in jure petita et ab eodem vicecomite penitus denegata, super eadem libertate qua et vicecomes suam possidet partem, monachis beati Martini de Campis adjudicavimus. Et hanc sententiam non solum contra vicecomitem predictum promulgavimus, sed contra omnes qui huic nostre, immo summi pontificis sententie, illicite se duxerint opponendos, statuentes et decernentes auctoritate apostolica omnes eos periculo anathematis subjacere. Quod ut ratum et stabile perseveret, in testimonium veritatis et sententie legitime prolate, presentes litteras fecimus conscribi et sigillorum nostrorum munimine roborari. Actum Carnoti publice, anno gracie millesimo ducentesimo nono, mense junio.

Le sceau de l'archidiacre de Chartres.

II.

Juin 1209 (1).

Sentence de l'abbé de Saint-Jean en Vallée, du doyen et de l'archidiacre de Chartres.

Omnibus presentes litteras inspecturis, N. abbas sancti Johannis de Valeia, W. decanus et H. archidiaconus Carnotenses, salutem in Domino. Notum facimus quod mandatum domini pape recepimus in hanc formam : « Innocentius episcopus servus servorum Dei, dilectis filiis abbati sancti Johannis de Valcia, decano et majori archidiacono Carnotensibus, salutem et apostolicam benedictionem. Exibita nobis dilectorum filiorum prioris et conventus sancti Martini de Campis conquestio patefecit quod O., presbyter de Nova Villa, nobilis vir vicecomes Milidunensis et quidam alii, tam clerici quam laïci, Aurelianensis et Senonensis diocesum, super oblationibus, nemoribus, terris, decimis, quodam tractu decimarum et rebus aliis injuriantur eisdem. Insuper Thomas et quidam alii, qui eorum ecclesie tenentur servilia opera exibere, illos eisdem defraudare presumunt. Quocirca discretioni vestre per apostolica scripta mandamus, quatenus prefatum presbiterum, nobilem et alios, ut ab ejusdem prioris et monachorum indebita molestatione desistant, prefatos autem servos, ut eidem ecclesie deserviant ut tenentur, monitione premissa, per districtionem ecclesiasticam, appellatione remota, cogatis. Testes autem qui fuerint nominati, si se gratia, odio vel timore subtraxerint, simili censura, cessante appellatione, cogatis veritati testimonium per-

---

(1) *Archives de l'empire.* Section domaniale, S. 1344. Triage des anciens titres, n° 17.

hibere, nullis litteris veritati et justicie prejudicantibus a sede apostolica impetratis. Quod si non omnes hiis exequendis potueritis interesse, duo vestrum ea nichilominus exequantur. Datum Rome apud Sanctum Petrum, XVII kalendas aprilis, pontificatus nostri anno nono. « Hujus igitur auctoritate mandati, nobilem virum vicecomitem Milidunensem, ad conquestionem prioris et conventus sancti Martini de Campis, coram nobis legitime citavimus. Contra quem propositum fuit, ex parte sancti Martini, quod, cum octava pars nemoris de Blanzi pertineret ad ecclesiam beati Martini sub eadem libertate qua et vicecomes suam partem ibi possidebat, ipse contra justiciam molestabat super hoc ecclesiam beati Martini, et non sinebat eam in predicta libertate illam partem pacifice possidere. Lite vero per responsionem ejusdem vicecomitis legitime contestata, et sacramento de calumpnia, prout res exigebat, hinc inde prestito, cum diceret vicecomes ecclesiam beati Martini habere octavam partem in predicto nemore, non tamen confiteretur quod in predicta libertate habere deberet, testes ab utraque parte super toto negocio recepimus. Et, postquam renunciatum fuit hinc inde productioni testium, attestaciones ipsas, etiam de consensu partium, publicavimus et transcripta earum utrique parti concessimus, ad disputandum super eis et ad dicendum in testes et dicta testium, dato partibus termino competenti. Postmodum, auditis allegationibus utriusque partis, quibusdam etiam in scriptis receptis, cum jam eis utraque pars renunciasset, diem peremptorium prefiximus partibus ad diffinitivam sentenciam audiendam. Sed idem vicecomes sentenciam audire noluit et de propria voluntate appellavit. Nos autem, habito consilio sapientum, quia in rescripto domini pape appellatio erat inhibita, et nulla erat justa causa appellandi, sue appellationi non detulimus ; et iterum peremptorie citavimus utramque partem ad diffinitivam sentenciam audiendam. Ad quem diem cum idem vicecomes nec venisset nec procuratorem misisset, eo habito pro contumaci, et parte sancti Martini presente, eidem cause et liti, que multum duraverat, finem imponere volentes, per diffinitivam sentenciam pronunciavimus octavam partem nemoris de Blanzi, de quo, ut dictum est, questio vertebatur, cum octava parte decime et campipartis terrarum exartatarum, predicto nemori adjacencium, pertinere ad ecclesiam beati Martini, et eam eidem ecclesie adjudicavimus habendam, sub eadem libertate qua et vicecomes suam partem possidet, et ipsum vicecomitem condempnavimus et ei precepimus ut huic sentencie se non opponat, sed eam servet, et ecclesiam beati Martini contra eam de cetero non molestet; alioquin, ipsum decrevimus sentencie excommunicacionis subjacere. Ad hujus autem memoriam rei et firmitatem, presentes litteras concessimus, sigillorum nostrorum munimine roboratas. Actum Carnoti publice, anno gracie millesimo ducentesimo nono, mense junio.

Le sceau de l'abbé de St-Jean en Vallée.
Le sceau du doyen de Chartres.
Le sceau de l'archidiacre de Chartres.

III.

Novembre 1209.

Littera super compositione facta inter Adam, vicecomitem Meleduni, et priorem sancti Martini de Campis (1).

Ego Adam vicecomes Meledunensis, notum facio universis, ad quos littere presentes pervenerint, quod, super contentione que erat inter me et priorem sancti Martini de Campis super bosco de Blandi qui metearius dicitur et super terra, composuimus hoc modo, videlicet quod dictus prior sancti Martini partietur; ego autem partem meam accipiam infra tres septimanas ex quo dictus prior mihi partes ostenderit; et preterea de parte prioris habebo totum boscum qui modo est desuper terram, ita quod illam liberavero infra competentem terminum quem dominus rex mihi super hoc statuerit. Cum autem illum deliberavero, fundus terre dicto priori sancti Martini liber et immunis de me et meis ad terram sive ad boscum in perpetuum remanebit. Domino autem meo illustri Francorum regi creantavi, quod, si ego contra hoc venirem, ipse propter hoc posset assignare ad totum feodum meum, et ipsum dominum regem requisivi ut compositionem istam per litteras suas confirmaret.

Actum Parisius, anno gratie M° CC° nono, mense novembri.

Scellé sur double queue de parchemin.

(1) *Archives de l'empire.* Sect. hist. Melun, 1. J. 158. N° 1.

TRADUCTION DE LA PIÈCE PRÉCÉDENTE.

Lettres sur la composition faite entre Adam vicomte de Melun et le prieur de Saint-Martin-des-Champs.

Moi Adam, vicomte de Melun, fais savoir à tous ceux auxquels parviendront ces lettres qu'au sujet de la querelle qui s'était élevée entre moi et le prieur de Saint-Martin-des-Champs relativement au bois de Blandi qui nous appartient par moitié et sur la terre, nous nous sommes engagés de la manière suivante : ledit prieur de Saint-Martin fera le partage. Quant à moi, dans un délai de trois semaines à partir du jour où ledit prieur m'aura donné connaissance des parts faites, je recevrai ma part; de plus j'aurai dans la part du prieur tout le bois qui est maintenant sur terre, de telle façon que je lui délivrerai cette part dans le terme que le Seigneur Roi m'indiquera; lorsque j'aurai délivré le fonds de terre au dit prieur de Saint-Martin, il restera libre et dégagé de tout service, à toujours, envers moi et les miens pour la terre ou le bois. J'ai promis à mon illustre Seigneur le Roi de France, que si je revenais contre cet acte, il pourrait m'assigner lui-même pour tout mon fief, et je l'ai prié de confirmer cette composition par ses lettres.

Fait à Paris, l'an de grâce mil deux cent neuf, au mois de novembre.

IV.

Avril 1214 (1).

Autres lettres sur la composition faite entre Adam, vicomte de Melun et le prieur de Saint-Martin des Champs.

Ego Adam vicecomes Meledunensis notum facio universis, ad quos presentes littere pervenerint, quod Johannes, prior sancti Martini de Campis Parisiensis, et ejusdem loci conventus partiti fuerunt nemus et terram que est in parrochia Blandiaci, in quibus octavam partem habebant, assensu eorumdem et nostro, in octo partes. Ego autem eis relinquo partem versus Roablayum, (2) sicut mete dividunt, et illa pars eis remanet a me et ab illis qui de me tenent libera et quieta, et alie partes michi remanent ab ipsis et ab illis qui de ipsis tenent libere et quiete. Ego autem hoc eis tenendum concessi bona fide et ipsi michi. Quod ut ratum sit, presentem cartam sigilli mei munimine roboravi. Actum anno gratie millesimo ducentesimo decimo quarto, mense aprili.

Le sceau du vicomte de Melun en mauvais état.

(1) *Archives de l'empire.* Section domaniale. S. 1344. Triage des anciens titres, n° 1.
(2) Roiblay.

V.

Avril 1214 (1).

Lettre du roi Philippe-Auguste sur l'accord intervenu entre Adam II, vicomte de Melun et les moines de Saint-Martin des Champs.

Philippus, Dei gratia Francorum rex. Noverint universi presentes pariter et futuri quod, sicut ex autentico dilecti et fidelis nostri Adami vicecomitis Meleduni cognovimus, Johannes prior sancti Martini de Campis Parisiensis et ejusdem loci conventus partiti fuerunt nemus et terram que est in parrochia Blandiaci in quibus octavam partem habebant, assensu eorumdem et assensu predicti Adami vicecomitis, in octo partes. Idem autem Adam vicecomes relinquit partem versus Roableium, sicut mete dividunt, et illa pars predictis priori et capitulo sancti Martini remanet ab ipso vicecomite et ab illis qui de ipso tenent libera et quieta, et alie partes eidem vicecomiti remanent ab illis et ab ipsis qui de eis tenent libere et quiete. Dictus vero vicecomes hoc eis tenendum concessit bona fide et ipsi ei. Nos autem, ad petitionem predicti Adami vicecomitis fidelis nostri, dictam divisionem predictorum nemoris et terre, sicut supra dictum est, ratam habemus et volumus, ita quod, si abbas Cluniacensis vel alius per dominum papam sive alio modo nos super hoc habere faceret dampnum aut laborem, dictus vicecomes nobis concessit quod nos inde caperemus ad feodum quod de nobis tenet, donec universa dampna que propter hoc haberemus vel alius pro nobis ad plenum essent nobis restituta. Quod ut ratum habeatur et firmum, sigilli nostri auctoritate presentem paginam confirmamus. Actum Parisius, anno ab incarnatione Domini millesimo ducentesimo quartodecimo, mense aprili.

Le sceau de Philippe-Auguste.

(1) *Archives de l'emp.* Sect. dom. S. 1344. Triage des anciens titres, n° 2.

VI.

10 Mai 1216.

Testament d'Adam II. Vidimé en 1250 (1).

Universis præsentes litteras inspecturis, Seguinus, decanus christianitatis Meledunensis, salutem in Domino. Noverit universitas vestra quod nos anno Domini 1250, die dominica post festum sancti Nicolai hyemalis, legimus et diligenter inspeximus de verbo ad verbum litteras bonæ memoriæ Adæ, vicecomitis Meledunensis, non rasas, non cancellatas nec in aliqua sui parte vitiatas, scrupulo alienas penitus, in hæc verba :

Adam, vicecomes Meledunensis, omnibus ad quos præsentes litteræ pervenerint, salutem. Noveritis quod ego, si forte discrimen mortis meæ imminere contigerit in hac via Angliæ, dedi et concessi in meo redditu de Meleduno centum solidos annui redditus, pro remedio animæ meæ, ad institutionem unius capellani in capella domus meæ de Meleduno, et vineam de Rocheta (2) et medietatem decimæ meæ gannagii de Borda (3) et alteram medietatem dedi et concessi capellæ de Castellione (4), si ibi capella constituatur, in qua capellanus singulis diebus divinum celebret officium ; et, donec capella apud Castellionem constituatur, medietas decimæ supranominatæ ad voluntatem et laudem illorum quorum nomina in hoc scripto continentur, deducetur. Dedi etiam, pro anniversario meo faciendo singulis annis, ecclesiæ beatæ Mariæ Meledunensis viginti solidos, clericis

---

(1) Ce texte est publié d'après une copie qui existe dans les papiers de la mairie de Blandy.
(2) La Rochette.
(3) La Borde.
(4) Châtillon.

distribuendos qui anniversario interfuerint; et ecclesiæ sancti Salvatoris viginti solidos ad procurationem canonicorum in die anniversarii mei ; et ecclesiæ beati Petri Meledunensis viginti solidos distribuendos ad procurationem monachorum in die anniversarii ; et monachis de Sacro Portu viginti solidos similiter ; et monachis de Jardo (1) viginti solidos similiter ad procurationem ; et ecclesiæ de Campellis (2) decem solidos distribuendos clericis in die anniversarii. Dedi etiam trecentas libras pro anima mea distribuendas : scilicet medietatem ad matrimonium mulierum nobilium pauperum, et aliam medietatem ad distributionem pauperum, percipiendas in meis nemoribus, venditione competenti. Dedi etiam decem libras ad emendum tunicas pauperum singulis annis per abbatem de Sacro Portu (3) et per abbatem de Jardo. Si autem pars mei mobilis valeat plus quam debita mea, pauperibus distribuatur. Dedi etiam presbitero de Blandi duo sextaria hibernagii pro anniversario meo faciendo, tam in capella de Blandi quam in ecclesia parrochiali, in decima mea de Blandi in perpetuum percipienda ; et, si in decima illa non possent percipi, ex hoc, pro defectu decimæ, in molendino meo de Blandiaco capientur. Volo etiam quod quinquaginta libræ reddantur illis quorum mansiones combustæ fuerint ad extremam equitationem quam feci ad Insulam, per abbatem de Los et per capellanum episcopi Attrebatensis, et similiter valentiam trium roncinorum quos clericus de Insula adduxit ad meum hospitium, per testimonium Reginaldi fratris mei. Idem vero Reginaldus habebit pro parte terræ viginti quinque libras in redditu meo de Meledunensi et domum juxta poncellum Meledunensem, et hoc fiduciabit in manu domini Ricardi Haranc tenere bona fide coram Guillelmo de Trapes, burgense de Montlieri. Volo etiam quod Heloïs, filia mea, habeat pro matrimonio suo centum libratas terræ et mille libras in denariis percipiendas in meis nemoribus. Hæc autem omnia supra dicta ordinabuntur per Joannem fratrem meum, archidiaconum Senonensem, et per dominum Galterum de Nemos et per Falconem de Jorra et per

(1) Le Jard.
(2) Champeaux.
(3) Saint-Port, aujourd'hui Seine-Port.

Simonem de Vernolio. Quod ut ratum sit, præsentes litteras sigilli mei munimine feci roborari. Actum apud Cales, anno Domini millesimo ducentesimo sexto decimo, mense maio.

Quod ut certius veritati testimonium perhibere valeat hoc testamentum, et sigilli nostri munimine fecimus communiri. Datum anno Domini millesimo ducentesimo quinquagesimo, die dominica post festum sancti Nicolai hyemalis, mense decembri.

VII.

Juin 1321.

Ordonnance du roi Philippe le Long, créant un marché à Blandy (1).

Philippe, par la grâce de Dieu roi de France et de Navarre, savoir faisons, à tous présents et à venir, que, comme notre aimé et féal Jean vicomte de Melun, chambellan de France, nous auroit supplié que nous eussions pour agréable de lui accorder d'établir et de tenir dans la ville de Blandy un marché qui se tiendroit tous les jeudis de chaque semaine; nous ayant ouï la prière de notre dit vicomte, avons mandé à notre bailli de Sens, et qu'ayant appelé ceux qui y auroient intérêt, il s'informât diligeamment si nous pouvions enfin accorder audit vicomte de tenir un marché dans la ville de Blandy les jeudis de chaque semaine, sans que cela nous puisse préjudicier ni porter aucun dommage au bien d'autrui. L'information étant donc faite et étant rapportée par notre dit bailli, nous l'avons vue et examinée avec soin, où il nous a paru clairement que nous pouvions enfin accorder audit vicomte un marché sans notre préjudice ni même celui d'autrui, et que si nous accordions ceci audit vicomte, bien loin de préjudicier, il en reviendroit une grande utilité à tout le pays. Nous qui demeurons dans les traces de nos ancêtres, qui ont toujours su procurer de toutes leurs forces le bien et l'utilité du public avons, en vertu des présentes, accordé et par autorité royale accordons audit vicomte, pour lui, ses héritiers et ses successeurs de tenir dans la ville de Blandy un marché tous les jeudis de chaque semaine et que nous prétendions si il arrivoit

---

(1) Cette ordonnance ne se trouve dans aucun recueil; mais le texte que nous publions, d'après une copie qui existe dans les papiers de la mairie de Blandy, n'est qu'une traduction moderne.

que les marchands fussent au marché avec leurs biens, marchandises et leurs familles, soit en allant, demeurant, revenant dudit marché, ils y fussent sous notre garde spéciale et conduite royale, mandant à tous et chacun de nos justiciers présents et à venir, chacun dans leurs détroits qu'ils permettent aux marchands, à leurs biens, marchandises et à leur famille de passer paisiblement et avec toute sûreté, soit en allant ou revenant dudit marché, et qu'ils deffendent les marchands, marchandises, les vivres et quelque chose que ce soit semblable, de toutes injures, violences et oppression que ce soit et qu'ils ne permettent point qu'il soit fait aucunes injures, soit aux marchands, même aux marchandises ou aux vivres; et afin que les présentes lettres ayent à l'avenir de la force et demeurent serment pour toujours, nous y avons fait mettre notre scel.   Donné à Poitiers L'an de grâce 1321 au mois de Juin.

VIII.

Février 1321 (vieux style).

Admortizatio quorumdam reddituum pro capellania perpetua de Blandin, castellanie Meledunensis, fundata a vicecomite Meleduni (1).

Karolus, Dei gratia Francorum et Navarre rex (2). Notum facimus universis, tam presentibus quam futuris, quod, cum dilectus et fidelis noster vicecomes de Meleduno, cambellanus Francie, unam capellaniam perpetuam in ecclesia de Blandin in castellania Meledunensi fundaverit seu fundaret, et de viginti libris tur., annui et perpetui redditus, tam in blado quam in denariis, videlicet super grangia sua Sancti Germani de Lascit in blado usque ad estimationem et valorem communem octo librarum tur. redditualium, et super censibus et aliis redditibus ipsius vicecomitis in villa de Blandin usque ad summam duodecim librarum tur. in denariis annui et perpetui redditus, percipiendis, levandis et habendis singulis annis imperpetuum a capellanis capellanie predicte, dotare proponat, Nos, ipsius vicecomitis in hac parte propositum laudabile commendantes, eidem vicecomiti, de gratia speciali et ex certa scientia, concedimus quod ipse dictas viginti libras tur. annui et perpetui redditus, in et super rebus predictis singulis annis percipiendas, levandas et habendas, ut prefertur, absque tamen aliqua justicia, convertere possit in dotationem capellanie supradicte, quodque capellani, qui in ipsa capellania pro tempore fuerint instituti, predictum redditum modo et

---

(1) *Archives de l'empire.* Sect. historique. — Trésor des Chartes, reg. LXI, p. 29.
(2) Le roi Charles IV, dit le Bel.

forma predictis, absque aliqua justicia habeant, teneant et percipiant pacifice et quiete, absque coactione vendendi vel extra manum suam seu dicte capellanie ponendi aut prestandi nobis vel successoribus nostris propter hoc financiam qualemcunque. Quod ut ratum et stabile perseveret, presentibus litteris nostrum fecimus apponi sigillum, salvo in aliis jure nostro et quolibet alieno. Datum Parisius, anno Domini millesimo trecentesimo vicesimo primo, mense febroarii.

Per dominum regem, ad relacionem decani Pictavensis,

MAILLARDUS.

IX (1).

1322.

Constitucio nundinarum in villa de Blandiaco (2).

Karolus &ª. Notum facimus universis, tam presentibus quam futuris, quod, cum dilectus et fidelis noster Johannes, vicecomes Meledunensis, cambellanus Francie, miles, nobis humiliter supplicasset ut constituendi et tenendi singulis annis in perpetuum, in vigilia et die festi sancti Mauricii, quod est in mense septembris, nundinas in villa sua de Blandiaco licenciam generose concedere dignaremur, nos ballivo nostro Senonensi vel ejus locum tenenti per litteras nostras dedimus in mandatis ut se diligenter ac celeriter informaret, vocatis evocandis, si sine nostro et alterius prejudicio sive dampno aut nundinarum vicinarum dicte nundine in loco et die predictis possent constitui ac teneri, nobisque remitteret sub suo clausum sigillo quod super hoc inveniret. Verum, cum informationem super hiis factam et nobis a dicto ballivo remissam videri fecerimus diligenter, nobisque per eam constiterit predictas nundinas dictis die et loco posse constitui ac teneri sine nostro et alterius aliarumque vicinarum nundinarum prejudicio aliquo sive dampno, nos, prefati vicecomitis supplicationi favorabiliter annuentes, eidem constituendi et tenendi singulis annis imperpetuum die et loco predictis nundinas antedictas licenciam concedimus, de gracia speciali, nostro in aliis et alieno in omnibus jure salvo. Quod ut ratum et stabile permaneat in futurum, nostrum presentibus litteris fecimus apponi sigillum. Actum apud nemus Vicenarum, anno Domini millesimo trecentesimo vicesimo secundo.

Per dominum regem, ad relacionem domini A. de Florencia,
BARRIS.

(1) *Arch. de l'emp.* — Trésor des chartes, reg. LXI, p. 242.
(2) Cette ordonnance ne se trouve pas dans le *Recueil des ordonnances des rois de France*, ni dans aucun autre recueil.

Traduction de la pièce précédente.

Charles, par la grâce de Dieu roi de France et de Navarre, savoir faisons, à tous présents et avenir que, comme notre cher, aimé et feal Jean, vicomte de Melun, chambellan de France, chevalier, nous auroit supplié que nous eussions pour agréable de lui accorder d'établir et de tenir toutes les années et pour toujours, dans la ville de Blandy d'où il étoit seigneur, une foire qui seroit la veille et le jour de Saint Maurice qui est au mois de septembre. Nous, en vertu de nos lettres, avons donné mandement à notre bailli de Sens ou son lieutenant qu'il s'informât diligeamment et promptement, en appelant et faisant appeler ceux qui y ont intérêt, si l'on pouvoit établir et tenir sans notre préjudice et le préjudice ou dommage d'autrui ou bien des foires voisines, ladite foire dans les lieux et jours prédits, et qu'il nous renvoyât clos sous son scel ce qu'il trouveroit être vrai à cet égard; attendu que nous avons fait examiner avec soin l'information faite sur ces choses et renvoyée à nous par le dit bailli et que par cette information il nous a paru constant que ladite foire se pouvoit établir et tenir dans le lieu et les jours susdits, sans qu'elle puisse préjudicier à nous, à autrui, ou aux foires voisines. Accueillant favorablement la prière de notre dit vicomte, lui avons octroyé et par grâce spéciale lui octroyons d'établir et de tenir tous les ans à toujours ladite foire dans le lieu et les jours susdits, sauf en autres choses notre droit et en toutes le droit d'autrui.

Mais afin que cela demeure ferme et stable à l'avenir, nous avons fait mettre notre scel à ces présentes lettres.

Donné au bois de Vincennes l'an de notre Seigneur 1322 au mois de novembre (1).

(1) L'original en latin qui existe aux archives de l'empire ne porte pas d'indication du mois. Cette traduction est tirée des papiers de la mairie de Blandy, avec cette indication. Une autre copie porte le mois d'octobre.

X.

30 Novembre 1327.

Pactiones et tractatus matrimonii faciendi inter dominum Johannem vicecomitem Meleduni et Ysabellim dominam d'Antoign, per modum hic descriptum (1).

Charles par la grace de Dieu Roys de France et de Navarre savoir faisons à touz présenz et avenir qu'en nostre présence establiz et présenz personelment noz amez et féaus Jehan Roy de Bahaigne, nostre cher et amé frère Loys conte de Clermont chamberier de France, Phelippe conte de Valoys, noz chers cousins, Phelippe conte d'Evreus et Charles conte de Estampes, noz chers frères, Robert d'Artoys conte de Beaumont, nostre cher cousin, Jehan viconte de Meleun chambellant de France, Wistace de Conflans advoé de Terouene chevalier et Ysabel dame d'Antoign fu illecques parlé, traictié et acordé par les amis des diz viconte et dame, le mariage de eulx deus, parmi les convenances et en la manière qui s'ensuit. C'est assavoir que la dicte dame, après le décès du dit vicomte, prendra le manoir de Blandy à tout deus mile livres de terre au tournoys, au plus près que l'en les pourra prendre sur l'éritage du dit visconte, lequel dit manoir et héritage, la dicte dame tendra en doaire, sa vie tant seulement, lequel manoir et terre seront à l'oir ou aus hoirs issanz de eux deus en la manière et condicion qui s'ensuit : C'est assavoir que, ou cas que les diz hoirs, yssanz du visconte et dame dessus dit, seroient en aage de héritier, la dicte dame trespassée, l'oir ainsné du dit visconte, qui pour le temps seroit, pourroit choisir et prendre, se il vouloit, la dicte maison de Blandy, en délaissant à

(1) *Arch. de l'empire* section hist.. — Trésor des Chartes, reg. LXIIII, p. 649.

l'oir ou aus hoirs ysanz de ce mariage dessus dit, la maison que le dit visconte a à Meleun, à tout deus mile livres de terre à tournoys, en la manière que dessus est dit, assises au plus près du dit manoir de Meleun, que l'en pourroit bonnement. Et ne pourront les hoirs yssanz de ce mariage dessus dit, riens demander aus autres hoirs du dit visconte, pour cause de partage, outre l'une des dictes deux maisons et les deux mile livres de terre dessus dictes. Et seront de par le dit visconte, mises en dépost, vint mile livres parisis en l'abaye de Saint-Germain des prez de lez Paris, dedanz cinc anz ; c'est assavoir chascun an quatre mile livres parisis. Et comencera le terme du premier an de cest prochain Noel en un an et en ceste manière chascun Noel ensuivant, les diz cinc anz duranz, duquel dépost deus des amis de la dicte dame sont esleuz : c'est assavoir Henry d'Antoign son oncle et le dit advoué de Terroane son cousin et de la partie du dit visconte Thomas seigneur de Bruieres et Jehan seigneur chastel chevaliers, lesquels amis auront et ont povoir de faire constraindre le dit visconte et ses pleges, à mettre le dit dépost au lieu dessus dit, se le dit viscuens estoit en deffaut de les mettre aus termes dessus diz, et aussi ont et aront pooir de penre les diz deniers pour mettre et convertir en héritage, la dicte dame et le dit visconte appelez au penre yceus deniers, et se les diz visconte et dame ne y vouloient ou povoient venir ou envoier procureur pour eulz souffisamment fondés, euz sommez une foys souffisamment, li dessus dit esleuz pourroient aler avant à penre les diz deniers et faire l'achat dessus dit, et ou cas que liz quatre devant diz ne pourroient ou ne vouldroient entendre à ce faire, les troiz ou les deux, un de chascune partie pourroit faire les dites choses en la manière que les quatre le pourroient faire et se il avenoit que les quatre dessus nommé ou aucun de eux ne vouloient entendre et faire les dictes choses et la dicte dame et li diz visconte y pourront mettre autres, en lieu d'iceus, pour faire les choses dessus dites et ou povoir dessus dit, auront les diz esleuz les clés du dist dépost, lequel héritage acheté des diz deniers sera héritage des hoirs yssanz de eus deus. Et ou cas que elle mourroit sanz hoir yssant de eus deus et il y eust héritage acheté des diz deniers, iceli héritage et touz les deniers qui ou dist dépost pourront ou devront estre, pour cause des termes dessus diz escheuz, seront au dit viconte et à ses hoirs par moytié et l'autre moitié à la dite dame et à ses hoirs, lesqueles convenances et toutes les autres choses contenues pardessus en la forme et en la manière que elles sont devisiez et escriptes pardevant les diz visconte et dame, et chascun par soy promirent en bonne foy et jurèrent aus saintes evvangiles touchéez de leur propres mains à tenir, garder et acomplir fermement, sanz fere ne venir alencontre, ne souffrir à fere par eus ne par autres, en aucun temps, par quelque manière ou voye que ce fust; et renoncèrent les dictes parties à toutes barres, deffenses, fraude, décepcion, lésion, circumvencion, et à toute coustume de pays qui pourroit estre contraire aux choses dessus dictes ou aucune dicelles, et généralment à tout droit, usage et coustume par les quex les choses dessus dictes pourroient estre empéeschées en tout ou en partie; et pour les choses que li diz viscuens doit et est tenuz à fere, selonc les convenances dessus dictes acomplir en la manière que devisié est par dessus, il donna et a donné pleges les dessus diz contes de Valoys, de Evreus, de Beaumont et de Estampes, lesquiex de leur bon gré, en leur propres et privez nons, comme pour leur propre fait, duquel il se chargent et sont du tout chargiez conjunctement et principalement, chascun de eulx pour le tout, sans aucune division et au míex aparent pour le dit viconte, et aussi avant comme lui se firent et establirent principals debteurs, fauteurs, entérineurs et acomplisseurs envers la dicte dame et ceus qui cause auront de lui de toutes les choses et chacune prémisses convenanciez du dit visconte et en quoy il est tenuz et obligiez si comme dit est à leur propres couz, périlz et despens, si comme il le confessèrent, vouldrent et promisdrent pardevant nous. Et quant à tout ce tenir et acomplir il et chascun de eulx pour le tout ont obligié expressément à la dicte dame et à ceus qui cause de lui auront et souzmis espécialment, sanz autre exception, à la jurisdiction et contrainte de nous et de nos successeurs, eulx, leur hoirs, leur successeurs, touz leur biens, les biens de leur hoirs et de leur successeurs, meubles et immeubles, présenz et avenir, quelsque ils soient et en quelcunques lieus, et renoncèrent expressément en ce fait au bénéfice de devision à touz drois escripz et non escriz, à toutes coustumes, constitucions, loys, us, establissemenz ou droit, disant général renonciation non valoir et à toutes choses autres qui valoir leur pourroient avenir contre la teneur de ces présentes lettres, et le dit visconte promist à les en garentir et délivrer du tout à ses propres couz et despens. Et avec ce promitz li diz viscuens par son dit serement que à son loyal povoir il fera et procurra que en ceste meisme manière se establiront pleges et principaulx pour lui li arcevesque de Senz et ses autres frères et Henry sire de Senli bouteillier de France, et voudrent et acordèrent les dictes parties et pleges que ou cas ou il ou l'un de eulx seroient deffaillanz de faire et acomplir les choses dessus dictes ou aucune de elles, que nous ou nostre court à les faire faire, tenir, acomplir, les puissons constraindre en la manière que il nous plaira et toutes foiz que nous verrons qu'il sera besoign. Et à plus grant fermeté des choses dessus dictes voudrent, accordèrent et nous requisdrent que nous y méissons nostre decret, lequel à leur requeste nous y avons mis et encores mettons. En tesmoign des quelles choses et que elles soient fermes et estables à perpétuité, nous avons fait mettre nostre seel en ces lettres.

Donné et fait à la Neuve ville en Hez, le lundi jour de la feste Saint André l'apostre, l'an de grace mil trois cenz vingt et sept.

Par le Roy en qui présence et des dessus nommés de Monseigneur Thomas de Morefontaine et de moi les dictes choses furent accordées

BARRIS.

Collation est faite. *Duplicata facta.*

XI.

Extrait du poëme de Guillaume Cretin, intitulé :
Le débat de deux dames sur le passe-temps de la chasse des chiens et oyseaulx (1).

    Touz gay s'en va comme ung aventureux
    Disant qu'il est doresnavant heureux
    Si peult avoir la bonne grace acquise
    Des dames veu qu'il a ja pieçà quise.
      Si bien picqua que aprés mydy ce jour
    A BLANDY vint ou faisoit son sejour
    Le conte lors estant devant sa porte
    Qui sur son poing à l'heur ung faulcon porte.
    Honnestement comme bien faire sceut
    Luy presenta ces lettres qu'il receut
    Très voluntiers et luy dist : mon seigneur
    Je croy que Dieu aujourd'huy m'enseigne heur
    D'estre arrivé ceste part cy à point.
    Ce m'est grand' heur, de cela ne mentz point....

(1) Éd. de 1527, fol. 71, v°.

XII.

24 Mars 1395 (vieux style). — 19 Juillet 1410.

Fundatio capellarum castelli de Blandiaco (1).

In nomine Domini, Amen. Universis præsentes litteras sive præsens publicum transumptum seu transcriptum inspecturis, officialis Senonensis, salutem in Domino. Notum facimus nos anno Domini millesimo quingentesimo sexto, indictione nona, mensis vero decembris die vigesima secunda, pontificatus sanctissimi in Christo patris et domini nostri domini Julii divina providentia papæ secundi anno quarto, vidisse, tenuisse, palpasse et diligenter de verbo ad verbum inspexisse quasdam litteras nobilis viri Guillelmi de Meleduno, comitis de Tancarvilla, vicecomitis de Meleduno et domini de Blandiaco, sub sigillo ejusdem in cera rubea cum cordulis sericis albis et rubeis appendenti, sanas et integras, non cancellatas nec abrasas, sed omni prorsus vitio et suspicione carentes, licet ob vetustatem earum in aliqua parte alterius earumdem perforatas, quarum quidem litterarum tenor sequebatur et erat talis :

Universis præsentes litteras inspecturis, Guillelmus, vicecomes Meledunensis, salutem, et paratus dare fidem, honorem et reverentiam domino regi et Domino per quem divina consistunt et firmantur. Non immerito nos inducunt clara progenitorum nostrorum, qui semper ad divini cultus augmentum ferventer et devotissime aspirarunt, exempla et gesta nos provocant, ut, quanto majora bona ab ipso summo largitore suscepimus, tanto ad ea

---

(1) Ce texte est publié d'après une copie de M. Robert Boutillier, curé de Blandy, mort en 1692. L'original, qui n'a jamais été imprimé, et qui devait se trouver à l'abbaye du Jard, est perdu.

quæ suæ redduntur majestati accepta vacare solertius et magnificentius agere debeamus, ut per gratæ recognitionis affectum nobis beneficia multiplicet ipse qui dat affluenter et non improperat, et, per devotionis effectum, pietatis studia et opera charitatis, misericordiam et gratiam, Deo nobis propitio, æternaliter consequamur. Hinc est quod nos in animo revolventes fervorem et zelum affectionis intimæ, quam reverendæ memoriæ carissimus dominus et predecessor noster Adam, vicecomes Meledunensis, in castro nostro Blandiaco quandam perpetuam in honorem gloriosissimæ virginis Mariæ capellam fundavit; nos, fundationem hanc, ad laudem Dei et ejusdem beatissimæ virginis ejus genitricis et omnium sanctorum honorem, summis desideriis augmentare cupientes, voluimus et ordinavimus, volumus et ordinamus per præsentes, dummodo reverendi in Christo patris domini archiepiscopi Senonensis, ordinarii loci, intervenerit assensus, loco fundationis antedictæ et ipsam augmentando, duas capellas perpetuas in eodem castro nostro de Blandiaco fundare, per duos capellanos ibidem beneficiatos possidendas, quarum capellarum jus patronatus et præsentandi ad easdem, cum vacabunt seu ipsarum altera vacabit, nobis et ibidem nostris successoribus in perpetuum retinemus, jure collationis ipsarum eidem domino archiepiscopo et suis successoribus remanente; qui quidem dominus archiepiscopus, et sui successores, quoties nos et successores nostri ad capellas prædictas aut alteram earumdem, cum vacabunt, personas idoneas seu idoneam præsentare contigerit, ipsis conferre teneantur; qui duo capellani alternis diebus missam in hunc modum in dicta capella nostra celebrare tenebuntur, videlicet in dominicis diebus secundum ipsas dies aut festivitates ibidem intervenientes, lunæ et mercurii pro defunctis, martis de angelis, jovis de Spiritu sancto, veneris de sancta Cruce, et sabbati de eadem beata Maria virgine, nisi tamen privatis diebus aliquæ intervenerint festivitates solemnes, in quo casu missæ prædictæ de eisdem festivitatibus celebrabuntur. Præterea, volumus et ordinamus missas prædictas, tali die qua nos ab hac luce migrare contigerit, deinceps perpetuo de defunctis, pro animæ nostræ remedio, in perpetuum celebrari, et de et pro missarum onere et servitio capellanos prædictos compensare et dotare volentes, ordinavimus et adhuc præsentium serie ordinamus, per modum fundationis perpetuæ, quod ipsorum quilibet viginti libras parisienses annui redditus habeat et percipiat annis singulis, quatuor infra scriptis terminis, videlicet nativitatis sancti Joannis Baptistæ, sancti Remigii, nativitatis Domini et resurrectionis ejusdem, æquis portionibus, in et super terra nostra cum pertinentiis de Champiniaco in Bria (1), quas terram et pertinentias ad ejus modi fundationis redditum persolvendum, prout melius et efficacius possumus, obligamus et oneramus, donec redditum prædictum admortisatum assederimus bene et competenter in alio loco a domino nostro rege immediate tento, in quo casu prædicta terra nostra de Champiniaco cum pertinentiis ejusdem ab onere redditus antedicti prorsus exonerabitur. Tenebimur insuper et nostri successores eisdem duobus capellanis liberare et administrare libros, calicem, ornamenta et cætera quæcumque pro earumdem missarum celebratione necessaria; et, ut capellani prædicti et successores eorumdem curiosius et diligentius dictas missas celebrare studeant, et defectibus qui in ipsarum celebratione forsan poterunt in futurum evenire provideatur sicut decet, ordinamus quod capellani sæpe dicti, scilicet ille qui in præmissis defecerit, pro defectu cujuslibet missæ tres solidos parisienses de suo redditu amittat, magistro Domus Dei dictæ villæ nostræ de Blandiaco ad sui et dictæ domus utilitatem applicandos, et pro prædictis defectibus solvendis dictos redditus obligamus et oneramus per præsentes, qui magister propter hoc defectum eumdem supplere et dictam missam seu missas in eadem nostra capella celebrare aut facere celebrari astringetur, hoc etiam addito quod, si capellani sæpe dicti vel eorum alter in celebratione dictarum missarum per se vel per alium celebrandarum, prout describuntur, per duos menses continuos defecerint, nos ac successores nostri, loco ipsorum aut illius qui sic defecerit, alium vel alios idoneos eidem domino archiepiscopo, tanquam ad vacans beneficium, poterimus præsentare, et ipse dictus archiepiscopus aut sui vicarii in spiritualibus, habita a curato dictæ nostræ villæ de Blandiaco, janitore dicti nostri castri et decem aliis personis fide dignis de predictis defectibus notitiam habentibus relatione condigna, absque ulla alia evocatione, capellas prædictas

(1) Champigny en Brie.

dictis per nos præsentatis conferre debebit; eidem præfato domino archepiscopo devote supplicantes, quatenus omnia et singula præmissa authoritate confirmare et approbare et in his suum consensum pariter et decretum interponere dignetur, jure parochiali et alieno in omnibus semper salvo. In cujus rei testimonium, his præsentibus sigillum nostrum duximus apponendum die XXIIII^a mensis martii, anno Domini millesimo trecentesimo nonagesimo quinto.

Universis præsentes litteras inspecturis, Guillelmus de Meleduno, comes de Tancarvilla, vicecomes Meledunensis et dominus de Blandiaco, salutem et paratus cum ferventi devotione in Christo dare fidem. Cum alias nos, clara progenitorum nostrorum, semper ad divini cultus augmentum ferventissima devotione aspirantium, vestigia jugiter assidua pro animabus devotione sequentes, loco fundatæ capellæ dudum per recolendæ memoriæ carissimum dominum et prædecessorem nostrum Adam, vicecomitem Meledunensem, in castro nostro de Blandiaco prædicto in honorem gloriosissimæ virginis Mariæ, fundationem eamdem augmentando, duas capellas seu capellanias per duos capellanos ibidem beneficiatos possidendas fundaverimus, et earum quamlibet viginti libris parisiensibus annui et perpetui redditus, per quemlibet dictorum capellanorum annis singulis in et super tunc terra nostra et pertinentiis de Champiniaco in Bria (donec et quousque redditum prædictum admortisatum bene et competenter in alio loco, a domino nostro rege immediate tento, assederimus, in quo casu prædicta terra de Champiniaco cum pertinentiis ejusdem ab ejus modi redditus onere prorsus exonerata maneret) percipiendis, dotaverimus, prout hæc et alia in litteris super inde confectis, præsentibus annexatis, latius continetur, notum facimus quod, divina nobis assistente clementia et devotionem nostram continuante et corroborante, ut ejus modi capellarum seu capellaniarum fundatio suum plenum et perfectum sortiri posset effectum, damus et concedimus eisdem capellis seu capellanis ipsarum institutis et instituendis hereditaria nostra subsequenter designata et descripta: videlicet domum seu manerium vulgariter dictum Blandesel cum stabulis, grangia, ... et hortibus, prout se continet, contiguam seu contiguum hereditagio uxoris Guillelmi Chapelle, ex una parte, et hereditagiis Bertrandi et Robonis in territorio de Blandiaco, ex altera.

Item juxta vadum de Boisy (1) quatuor arpenta terræ in una petia, tenentia et contigua itineri dicti vadi, ex una parte, et heredibus Hure, ex altera.

Item supra dictum Boisy sex arpenta terræ in una pecia, tenentia seu contigua heredibus Hure, ex una parte, et affrontaliis dicti vadi, ex altera.

Item supra locum dictum des Hantes (2) sex arpenta terræ in una pecia, tenentia seu contigua heredibus Hure, ex una parte, et affrontaliis præfati Galteronni, ex altera.

Item apud furnum de Choisiaco (3) duo arpenta terræ, tenentia seu contigua itineri ejusdem furni, ex una parte, et Simonis Perrini, ex altera.

Item apud et desuper dictum furnum septem quarteria terræ, nobis, ex una parte, tenentia seu contigua et Joanni Parvi ex altera.

Item apud La Machenoye (4) in una pecia sex arpenta, tenentia seu contigua magno itineri de Choisiaco, ex una parte, et hereditagiis beatæ Mariæ de Meleduno ex altera.

Item apud Spinam Poithevini duo arpenta terræ, tenentia seu contigua Joanni Denise, ex una parte, et Guillelmo Guignanci, ex altera.

Item apud Crucem Albam (5) tria arpenta terræ in duabus peciis, tenentia seu contigua Guillelmo d'Orenge, ex una parte, et heredibus Joannis Blondeau, ex altera.

Item apud Buthelin (6) unum arpentum terræ, tenentem seu contiguum Joanni Denise, ex una parte, et affrontaliis de Budelle, ex altera.

Item apud Fontem Choppin (7) unum arpentum terræ, tenen-

---

(1) Bouisy. Il n'y existe plus qu'une ferme. C'était un fief relevant de la seigneurie de Vaux à Peny.
(2) Lieu inconnu.
(3) Le four Choisy.
(4) Peut être le Marché Mégé.
(5) La Croix blanche.
(6) Buthelin.
(7) La fontaine Chopin.

tem seu contiguum Stephano de Chenon, ex una parte, et Dionisio Courtebraye, ex altera.

Item supra courtillam seu ortum Dalondeau (1) quatuor arpenta terræ, tenentia seu contigua Joanni Denise, ex una parte, et Petro Dajalle, ex altera.

Item apud Crucem Tierici (2) sex arpenta terræ, tenentia Dionisio le Tixerant, ex una parte, et hereditagiis sancti Mauritii, ex altera.

Item apud et desuper dicta sex arpenta immediate descripta quinque arpenta terræ, tenentia seu contigua Pioche, ex una parte, et dictæ terræ, ex altera.

Item apud et supra vineam Meloton (3) tria arpenta terræ, tenentia seu contigua magno itineri de Bretignou, ex una parte, et liberis Simonis Mercatoris, ex altera.

Item apud eumdem locum unum arpentum terræ, tenentem seu contiguum Bertrando Rebours, ex una parte, et præfatæ vineæ Meleton ex altera.

Item apud Sus in duabus peciis unum arpentum terræ, tenentem seu contiguum affrontaliis dicti Sus.

Item apud introitum de Turnemont (4) septem quarteria terræ, tenentia seu contigua magno itineri dirigenti apud Bretignou, ex una parte, et curato de Blandiaco, ex altera.

Item apud Foveam Regiam (5) unum arpentum terræ, nobis, ex una parte, tenentem et contiguum, et heredibus Baigneaulx, ex altera.

Item apud Logiam Marguotte (6) duas dietas terræ, tenentes seu contiguas magno itineri de Viviers, ex una parte, et pratis subtus, ex altera.

Item apud Turnemont quinque arpenta terræ, tenentia seu contigua ex una parte heredibus domini Clementis Choppin et Gaudefredo Choppin, ex altera.

---

(1) La Courtille, ou le jardin Dalondeau. — N'existe plus aujourd'hui.
(2) La croix de Thierry.
(3) Il n'y a plus de vignes dans ce climat.
(4) Aujourd'hui Tournemont.
(5) Fosse à la Reine.
(6) Aujourd'hui la Loge Margot

Item apud Longam Maceriam (1) seu Sepem novem arpenta terræ, tenentia seu contigua Joanni Parvi, ex una parte, et abutissantia itineri Meledunensi.

Item apud ortos tam cultos quam terras incultas seu frichias decem octo arpenta terræ, tenentia seu contigua magno itineri de Plumejoy, ex una parte, et heredibus Landoy, ex altera.

Item terras spectantes ad Hospitium Rubeum, videlicet viginti quatuor arpenta terræ existentia apud saltus Perier versus Fogus, tenentia seu contigua terræ de Borda, ex utraque parte.

Item apud et supra Monfreton quatuor arpenta terræ in duabus peciis, tenentia seu contigua itineri dirigenti de Blandiaco apud Fogus, ex una parte, et domicellæ, ex-altera.

Item apud Maceriam seu Sepem a la Meresse quinque quartas terræ, tenentes seu contiguas Dionisio le Tixerant, ex une parte, et Joanni le Tixerant seniori, ex altera.

Item apud prata nova Senii dietam terræ, tenentem seu contiguam Petro Tamineau, ex utraque parte.

Item apud et supra Nordam Gomard medietatem semidietæ terræ, tenentem seu contiguam Simoni Beauseigneur, ex una parte, et Petro Tamineau, ex altera.

Item apud viariam de Portis (2) unum arpentum terræ, tenentem seu contiguum itineri, ex una parte, et Petro Marrou, ex altera.

Item apud Ulmum Cogunodi semidietam terræ, tenentem seu contiguam Joanni Parvi, ex una parte, et Joanni Præpositi, ex altera.

Item apud Longam Maceriam seu Sepem duas dietas terræ, tenentes seu contiguas Guillelmo........., ex una parte, et abutissantes itineri de Meleduno.

Item... denarios parienses de minutis censibus portantibus locagia, venditiones, saisinas et emendas, die sancti Remigii solvendos, ad præfatum manerium seu hospitium de Blandezel spectantes et pertinentes.

Item vigniti sex solidos unum denarium parisienses de minutis censibus portantibus locagia, venditiones, saisinas et emendas, die apparitionis Domini persolvendos et de dicto hospitio de Blandezel existentes.

---

(1) Aujourd'hui les Longains.
(2) La voirie des Portes.

Item quamdam masuram tenentem et contiguam dicto hospitio seu manerio de Blandezel, perpetuo arrentatam pro quatuor solidis et quatuor denariis parisiensibus.

Item novem arpenta nemorum in nemoribus de Blandiaco existentia, nemoribus nostris ex utraque parte contigua.

Item decimas et campipartes quæ erant in dicto Hospitio Rubeo oneratas videlicet erga curatum de Blandiaco in tribus sextariis bladi mixtelli et in tribus sextariis avenæ; erga camerarium monasterii sancti Petri de Meloduno in quatuor sextariis et mina bladi mixtelli et in quatuor sextariis et mina avenæ ad mensuram de Blandiaco annui et perpetui redditus, quæ quidem onera capellani solvere tenebuntur (1).

Item admodiationes debitas in crastinum nativitatis Domini, videlicet duo sextaria granorum vel circiter, mediatim mixtelli et avenæ.

Item consuetudines dicta die crastina nativitatis Domini debitas, videlicet unum sextarium et quinque quarteria cum dimidio frumenti vel circiter, quinque sextarios cum mina avenæ vel circiter, undecim capones, et pro quolibet capone unum denarium pataverii et abruvagii.

Item viginti novem solidos sex denarios parisienses de minutis censibus, portantibus venditiones, saisinas et emendas, eadem die crastina nativitatis Domini debitos.

Item duas partes minutarum decimarum terræ de Blandezel, videlicet agnielos, porconios(?) et lanas quæ ibidem pro dicto hospitio capiebantur.

Item decimas vinorum vinearum de Gaudeni, de Chaunoy et territorii de Blandiaco necnon vinearum Aubeuf et Piquepain, cum justitia censuali omnium et singulorum præmissorum, per illustrissimum principem et dominum nostrum regem prædictum propter hæc ad supplicationem [nostram] benigne admortisata, pro reditu antedicto quadraginta librarum parisiensium, dedimus et

(1) Les chapelains voulurent, par la suite, s'affranchir de payer cette dîme constituée au profit de la chambrerie de l'abbaye des bénédictins de Saint-Père de Melun; mais leur prétention fut repoussée par sentence du bailli de Melun du 29 novembre 1574, confirmée par arrêt du parlement du 26 février 1583. (Archives de l'hôtel de ville de Melun, papiers de M. Bernard de la Fortelle.)

concessimus ac penitus et omnino, cum omnibus et singulis pertinentiis eorumdem, transtulimus damusque et concedimus ac penitus et omnino transferimus per præsentes ; terram prædictam de Champiniaco cum pertinentiis ejusdem de redditu sæpe dicto prorsus et omnino exoneramus, promittentes bona fide nos fundationem, donationem, concessionem et translationem antedictas perpetuo ratas et gratas habere atque firmas, nec contra eas seu earum aliquam per nos seu alios qualitercunque venire, sub omnium nostrorum ypotheca et obligatione bonorum mobilium et immobilium, præsentium et futurorum ; renuntiantes super hoc omni fraudi, deceptioni, ingenio, errori, cautelæ, dolo et læsioni necnon quibuscunque privilegiis, gratiis, rationibus, responsionibus, franchisiis et defensionibus ac omnibus et singulis auxiliis et tutaminibus facti et juris scripti et non scripti, beneficio divisionis cæterisque omnibus et singulis in contrarium præmissorum dicendis, allegandis, præponendis et opponendis atque juri dicenti generalem renuntiationem non valere. In quorum omnium et singulorum fidem et testimonium præmissorum, sigillum nostrum præsentibus litteris duximus apponendum. Datum Parisius, die decima sexta mensis junii, anno Domini millesimo quadringentesimo decimo. (Signatum supra plicam) : PHILIPPUS DE MONTVILLA.

Et sic erat finis dictarum litterarum. Quod autem in eisdem litteris contineri vidimus, de verbo ad verbum per notarium publicum subscriptum transcribi ac manuali subscriptione ipsius publici notarii subscribi ac signari, sigilloque nostræ Senonensis curiæ jussimus appensione muniri. Datum et actum anno, indictione, mense, die ac pontificatu prædesignatis.

Et ego Nicolaus Gileti, presbiter Meldensis diœcesis, publicus apostolicæ et imperialis venerabilisque Senonensis curiæ notarius juratus, quia præsentes litteras vidi, tenui, palpavi ipsarumque ad publicum transumptum seu transcriptum de verbo ad verbum collationem debitam feci, et quia utramque scripturam (nihil addito vel retracto quod sensum immutet aut variet intellectum, præterquam in duobus locis vacuis ob quoddam foramen in eisdem litteris propter earum vetustatem existentem) corcordare reperi, idcirco huic publico præsenti transumpto seu transcripto manu alterius fideliter scripto sigilloque dictæ Senonensis curiæ sigillato, signum meum publicum, solitum et assuetum, apposui, in fidem et testimonium veritatis omnium et singulorum præmissorum, instanter requisitus et rogatus.

Ainsi signé : NICOLAUS GILETI.

XIII.

Octobre 1392.

Ordonnance du roi Charles VI sur le rétablissement du marché et de la foire de Blandy.

Charles par la grâce de Dieu roi de France, savoir faisons à tous présents et à venir que comme notre aimé et féal chevalier et conseiller Guillaume, vicomte de Melun, seigneur de Blandy nous eût naguère exposé que comme de très-noble récordation les rois Philippe et Charles en leurs temps rois de France et de Navarre qui Dieu pardoint après ce que par information faite sur le profit ou domage de la chose publique d'octroyer un marché perpétuellement en ladite ville de Blandy chacune semaine au jour de jeudi et une foire chacun an, la veille et le jour de Saint Maurice en septembre, eut été trouvé lesdites foire et marché être profitables et non préjudiciables eussent octroyé icelles foire et marché perpétuellement comme il est contenu en leurs lettres contenant cette forme : et par vertu desdites lettres lesdites foire et marché eussent été institués et séant par aucunes années, neanmoins par le fait des guerres et mortalités qui depuis ont été par tout notre royaume, mêmement environ ladite ville de Blandy, le peuple et les marchands avoient délaissés de fréquenter icelles foire et marché tellement qu'ils en étoient et sont du tout adnichilez ; si comme disoit notre dit conseiller, réquierrant notre provision sur ce et sur ces choses ; par vertue de nos lettres expediées par nos amés et féaux trésoriers à Paris information ait été faite par notre bailli de Sens et Melun ou son lieutenant, notre procureur appelé, et par vertu de nos autres lettres rapportées

---

(1) Cette ordonnance ne se trouve dans aucun recueil ; nous la publions d'après une copie qui existe dans les papiers de la mairie de Blandy.

en la chambre de nos comptes et trésoriers pour la voir et ordonner selon raison, ladite information diligemment veue et considérée avec lesdites lettres dessus transcrites et les notres et tout ce qui sur ce faisoit à voir et considérer à grande et mure délibération, trouvé profitable chose être, non dommageable à aucun, remettre et restituer lesdites foire et marché perpétuellement en ladite ville de Blandy es-jours devant dits; nous, pour le bien et utilité de nous et du bien commun à notre dit conseiller et ses ayant causes, avons octroié et de notre grace spéciale octroyons par ces présentes, iceux foire et marché être remis et réinstitués en icelle ville de Blandy et y seoir perpétuellement es-jours dessus dits et que tous marchands et autres quelconques, de quelque pays ou condition qu'ils soient, excepté nos adversaires et leurs alliés et les bannis de notre royaume tant seulement, puissent aller, venir, fréquenter et marchander esdits foire et marché, y mener ou envoyer et faire mener ou envoyer et ramener ou renvoyer toutes manières de denrées, biens, vivres et marchandises quelconques surement et paisiblement, mandant à nosdites gens des comptes et trésoriers audit bailli de Sens et de Melun et à tous nos autres justiciers et officiers ou à leur lieutenant présents et à venir et à chacun d'eux si comme à lui appartiendra que notre dit conseiller et ses ayant causes avec les marchands et autres venans et fréquentans esdits foire et marché, y séjournant et retournant d'iceux, fassent et laissent jouir et user paisiblement et à toujours de notre présente grâce et octroi cessans tous empêchements contraires. Et pour que ce soit chose ferme et stable perpétuellement, nous avons fait mettre notre sel à ces présentes lettres, sauf en autres choses notre droit et en toutes l'autrui. Donné à Paris l'an de grâce 1392 et de notre règne le douzième, au mois d'octobre. Au dos est écrit ces mots, par le roi à la relation des gens des comptes et trésoriers; et plus bas, signé Henin. Collation est faite. Est aussi escrist : Registrata in camera computorum libro chartarum foll. LI. xv die mensis januarii m°. III.C.IIII.XX.XII. signé R de Acheriis. A côté est écrit visa et au bas contentor, signé Crespy.

La collation en a été faite par Charpentier greffier de la chambre des comptes le 25 octobre 1675, et la minute remise en son lieu.

XIV.

3 Août 1702.

Arrêt du parlement pour la foire de Blandy.

Louis par la grâce de Dieu, roi de France et de Navarre, au premier huissier de notre cour de parlement, autre notre huissier ou sergent, savoir faisons que vu par (notre dite) cour la requête à elle présentée par Marie d'Orléans, duchesse de Nemours, dame de Blandy à ce que pour les causes y contenues il plût à notre dite cour ordonner que, nonobstant la translation portée par l'ordonnance du sieur archevêque de Sens du 13 juillet dernier des festes de saint Mathieu et saint Maurice aux deux dimanches suivants, qu'elles arrivent dans le mois de septembre prochain, pour ne point interrompre le travail des habitants de ladite seigneurie de Blandy, la foire et marché dudit Blandy établis par (nos) lettres patentes les 21 et 22 septembre de chacune année audit Blandy se tiendra en la manière accoutumée lesdits jours, et que l'arrêt qui interviendra sera lu, publié et affiché où il appartiendra, à la diligence de la suppliante ; vu aussi les pièces attachées à ladite requête signée Chardon, procureur, conclusions de (notre) procureur général, ouï le rapport de Me Hierosme Merault conseiller, tout considéré (notre) dite cour ayant égard à ladite réquête, ordonne que nonobstant la translation portée par l'ordonnance de l'archevesque de Sens du 13 juillet dernier des festes de saint Mathieu et de saint Maurice aux deux dimanches suivants, la foire et marché dudit Blandy etablis par (nos) lettres patentes se tiendra en la manière accoutumée lesdits jours 21 et 22 septembre et que le présent arrêt sera lu, publié et affiché où besoin sera à la diligence de la suppliante : si te mandons faire tous exploits, de ce faire te donnons pouvoir.

Donné à Paris en parlement, le trois août, l'an de grâce mil sept cent deux. — Signé le Pelletier et Mérault (et de notre reigne le soixantième signé par la chambre Dutillet et collationné avec paraphe ; et en marge est écrit : scellé le douze août 1702 signé Carpot).

Conclusions conformément aux lettres Chardon.

ERRATA.

Page 20, *ligne* 27, au lieu de le P. Sulpicien, *lisez :* le P. Simplicien.
Page 57, *ligne* 5, au lieu de 1484, *lisez :* 1487.
Page 63, *ligne* 9, au lieu des ciréconstances, *lisez :* circonstances.
Id. ligne 27, au lieu de 1583, *lisez :* 1483.
Page 84, *ligne* 23, au lieu de le duc de Léonor de Longueville, *lisez :* le duc Léonor de Longueville.
Page 95, *ligne* 12, au lieu de au duc de Bourbon-Soissons, *lisez :* au comte de Bourbon-Soissons.
Id ligne 22-23, au lieu de le fils de Henri Ier *lisez :* le fils de Louis Ier.
Page 119, *ligne* 30, au lieu de scène II, *lisez :* scène V.
Page 124, *ligne* 14, au lieu de Crusol, *lisez :* Crussol.

TABLE.

	Préface..	I
I.	Notions topographiques.................................	1
II.	Le château..	5
	Première époque..	6
	Deuxième époque.......................................	7
	Troisième époque.......................................	12
	Quatrième époque......................................	17
III.	Maison de Melun..	19
IV.	Les comtes de Tancarville.............................	36
V.	Maison de Harcourt.....................................	52
VI.	Maison d'Orléans-Longueville.........................	59
VII.	La marquise de Rothelin et la princesse de Condé, sa fille......	78
VIII.	Le comte de Bourbon-Soissons........................	100
IX.	La princesse de Carignan et la duchesse de Nemours.........	106
X.	Le maréchal de Villars et le prince de Martigues son fils........	124
XI.	Le duc de Choiseul-Praslin, et son fils, dernier seigneur de Blandy.	127
XII.	L'Église...	129
XIII.	La Justice...	145
XIV.	Le Seigneur...	150
	Liste chronologique des seigneurs de Blandy, depuis le milieu du douzième siècle...	152

PIÈCES JUSTIFICATIVES.

I.	Juin, 1209. — Enquête faite et sentence rendue par l'abbé de Saint-Jean en Vallée, le doyen, et l'archidiacre de Chartres........	157
II.	Juin, 1209. — Sentence de l'abbé Saint-Jean en Vallée, du doyen et de l'archidiacre de Chartres........................	171
III.	Novembre, 1209. — Littera super compositione facta inter Adam vice comitem Meleduni et priorem Sancti-Martini de Campis..	174
	Traduction de la pièce précédente.....................	175
IV.	Avril, 1214. — Autres lettres sur la composition faite entre Adam, vicomte de Melun, et le prieur de Saint-Martin des Champs...	176
V.	Avril, 1214. — Lettre du roi Philippe-Auguste sur l'accord intervenu entre Adam II, vicomte de Melun, et les moines de Saint-Martin des Champs......................................	177

VI.	10 mai, 1216. — Testament d'Adam II, vidimé en 1250..	178
VII.	Juin, 1321. — Ordonnance de Philippe le Long, créant un marché à Blandy.............	181
VIII.	Février, 1321. — Admortizatio quorumdam reddituum pro capellania perpetua de Blandiu, castellauie Meledunensis, fundata a vicecomite Meleduni	183
IX.	Novembre, 1322. — Constitucio nundinarum in villa de Blandiaco. Traduction de la pièce précédente...	185 186
X.	30 novembre, 1327. — Pactiones et tractatus matrimonii faciendi inter dominum Johannem vicecomitem Meleduni et Isabellim dominam d'Antoing per modum hic descriptum	187
XI.	Extrait du poëme de Guillaume Cretin, intitulé : *Le débat de deux dames sur le passe-temps de la chasse des chiens et oiseaux*..	191
XII.	21 mars, 1395. — 16 juillet, 1410. — Fundatio capellarum castelli de Blandiaco..	192
XIII.	Octobre, 1392. — Ordonnance du roi Charles VI sur le rétablissement du marché et de la foire de Blandy................	202
XIV.	3 août, 1702. — Arrêt du Parlement pour la foire de Blandy.....	204
Errata..		206

GRAVURES SUR BOIS.

Vue de l'entrée du château par Jean Gigoux.	
Crypte du douzième siècle..	6
Vue des trois tours principales par E. A...........	10
Plan du château en 1688 (lithographié).........................	13
Fac-simile du sceau d'Adam III...........................	26
— du sceau d'Adam IV.............................	32
— du sceau de Guillaume IV........................	48
— du sceau de Guillaume de Harcourt...................	57
— du contre-scel du même..........................	58
Armes des d'Orléans-Longueville...........................	59
— de la maison de Rohan.............................	78
— de la marquise de Rothelin........................	79
Fac-simile du cachet de la princesse de Condé....................	86
Armes du comte de Bourbon-Soissons.........................	100
— de la comtesse de Bourbon-Soissons .,..................	105
— du prince Thomas de Savoie Carignan.......	107

FIN DE LA TABLE.

www.ingramcontent.com/pod-product-compliance
Lightning Source LLC
Chambersburg PA
CBHW051918160426
43198CB00012B/1950